日常生活の心的病理

●心理鑑定と法廷ドラマ

井上敏明
Toshiaki Inoue

朱鷺書房

〈前書き〉

一九〇四年、精神分析学者のS．フロイトが『日常生活に於ける精神病理』(Zur Psychopathologie des Alltagslebens) という本を書いている。

この著書は二〇年間で一〇回も版を重ね、諸外国向けの翻訳もロシア語、英語、イスパニア語、フランス語、オランダ語など数カ国に及ぶものであった。

フロイトの逝去(一九三九年)に因み、当時弘前医科大学(現・弘前大学医学部)学長など歴任の丸井清泰氏が既に翻訳されていたもの(アルスの精神分析大系第四巻)を岩波文庫から一九四一年『日常生活に於ける精神病理』として出版され、昨今は絶版、今日に到る。この訳本の初版が、四万五千円にも――。下は二六三円から、それにしても原著や訳本文献に拘る方には、とりわけ初版で限りなく見栄えの良いものだと四万五千円も苦にならないのかもしれない。名著の訳本だからであろう。

内容は、読み違い、言い間違い、思い違い、忘れるなどのその背景に、深層心理ありと説いたものである。この著作(訳本)を六〇年以上前になるのだが、私が立命館大学大学院(哲学専攻)時代、後輩の哲学科専攻の諸君の集まりで紹介し、フロイト説の大胆さ、そのユニークさを「哲学研究室」(この部屋は担当教授陣の一服するところ)で、「性的欲求の抑圧」や、「超自我・自我・無意識」の力動的メカニズムを解説したのだった。

その時、当時主任教授の故・山元一郎先生が入室され「井上君はどんな風にフロイト説を話すのか?」といった顔で眺めておられたのが、今も脳裏に残っている。山元一郎先生は「言語哲学」の権威者であったが、とりわけ、世界でも二〇世紀の大哲学者(言語哲学)ルードヴィヒ・ヴィトゲンシュタイン(Ludwig Wittgenstein)の主著(『論理哲学論』)を日本で初めて翻訳され著名であった。ヨーロッパの現代思想に精通されていた先生が、学生達が研究室から出て行ったあと、私に「フロイトはね、あの時代、性の心的メカニズムを無意識の抑圧機制から探り自我論を構築した大胆な思想家だよ。」と話されたひと言は今も忘れない。

ところで、この『日常生活に於ける精神病理』の翻訳者、丸井清泰氏が、弘前医科大学教授夫人の殺害事件で、間違いだらけの「精神鑑定」をしていたというのである。その詳細な経緯を、元・高等裁判所判事(執筆当時、北海道大学教授)の渡部保夫氏が、『刑事裁判ものがたり』(潮出版社一九八七・九・二五)の著書で詳細に記述されている。それも、夫人殺しで被告人(後に真犯人が現れ、再審で無罪)となっていた那須隆氏の鑑定で超悪人の如く決めつけていた、というのである。「心理鑑定」に関われる本を書こうとしている私には見逃せないだけに、前書きで触れておきたいのである。

事件というのは、昭和三十四年八月六日午前一時頃、当時、弘前医科大学教授夫人が就寝中に頸部を刃物で切られ殺害された、という悲惨な出来事であった。この時、二人の容疑者が出たが、一人は、前歴で婦女暴行などがある問題の青年だったが、殺害時アリバイが有ったとされ放免、残った那須隆さんが犯人に仕立て上げられたのである。那須隆さんの祖先は八百年前「源平の戦い」で弓矢の名手として有名（一一八五年・元暦二年：屋島の戦い）な那須与一である。

渡部保夫氏の文には次のように書かれている。

「当時弘前医科大学の学長をしていた丸井という精神医学者による被告人の性格に関する鑑定書です。性格というよりも、内心の状況に関する鑑定です。いわゆる精神分析学を専攻しておられた学者のようです。この方が、捜査官の集めた被告人に不利な書類、例えば、酒田敏男の捜査官に対する供述調書、葛西幸子の供述調書、被告人の捜査官に対するアリバイの供述の変遷に関する記録などを読み、さらに被告人に一度面接していろいろ質問したりしたうえ、鑑定書をまとめ、『被告人は表面は温順で世話好きであり、女性に対して無関心のようであるが、その無意識界には残忍性、サディズム的傾向を包蔵しており、また婦人に対する強い興味が鬱積している。そういう変態性欲者である』という趣旨の鑑定書を検察官に提出しました。」

それは、正真正銘の真犯人と決めてかかった鑑定だったわけである。

この時の裁判では二人の鑑定人が関わっていたがその一人、石橋博士の鑑定には次のように書かれていたという。

「被告人には『おだてに乗りやすい』『他人にすぐ同情する』『何かあると、とにかくはしゃぎがちである』『何によらずひけ目のことがあると、とかく人の中へ出られなくなる』『議論が過激に走りやすい』

『強情、負けずぎらい、意地っ張り』、そういう面はあるが、他方、『呑気（のんき）』『温順しい（おとなしい）』『真面目』『正直』『世話好き』『熱心』であり、性欲については、量的・質的にも異常なところはまったくみあたらず、むしろ極めて自然で、身持ちのよい正常な青年である、という結論を出しています。」

何故、鑑定人の内容にこうも違いがあるのか?真犯人が名乗り出たから良かったものの、卑怯にも黙視していたら鑑定の結果もどちらか不明のままだったかもしれない。

さて、この度の拙著の表題を『日常生活の心的病理』としたのは、このフロイトの名著『日常生活に於ける精神病理』に肖（あやか）ったのである。

ところで、被告人とは刑事裁判の法廷に引き出される、殺人を含め、常識的、道徳的、社会的規範から逸脱した人達である。

私の携わった鑑定の対象は、犯罪者として起訴された者である。どんな事案でも、個人的、状況的事情がある。

刑事裁判の流れは冒頭手続き、証拠調べの手続き、検察による論告、弁論手続き、被告人からの発言結審、判決となる。有罪なら罰金、有期刑、及び無期懲役、そして死刑まであるが、この著書に登場の被告人達は殺人、暴行、強姦未遂等の重罪である。一年間に裁かれる刑事事件は、裁判所の司法統計によると平成三十年だと全裁判所で九三万七一九一件にもなる。如何にも日常生活のひとコマである。新聞、テレビの報道機関で報道される刑事系事件は、殺人も含めほぼ毎日と言える時もある。最近の報道を例に取ってみても、女性が殺害された事件があまりにも多いのに心が痛む。

二〇二〇年の三カ月間（七・八・九）でも殺人件数五十五件、殺人未遂二十一件合わせて七十六件近く新聞は記事にしている。被害者は全員女性である。中でも二〇二〇年九月初旬、女子高生が祖父に殺害されたというニュースは痛ましい。事情が不詳、複雑怪奇なのか、このニュース記事は如何にも小出しの記事、警察も「認否」に関し、コメントしないままである。悲しく、痛ましい。幼少より可愛がっていた高二の女子を凶器で滅多打ち「乱れは無い」と新聞に。高齢者が「認知症だった」だけでは納得のいかない悲しい出来事である。

私はこの本で、「殺人」事案を取り上げているが、どれも「日常生活の心的病理」と言える事例である。私の長年にわたる「心理鑑定」から人の心の病理にメスを入れ、事件の背景に何があったのか、何がそうさせたのか、人間の心的病理について考えてみたい。

まずは、法廷内の刑事裁判のプロセスにおいて「心理鑑定」による被告人の人格変容の事例から紹介したい。

お断り
この書の本文は、心理鑑定が刑事裁判の法廷でどのような役割を果たしたのかを、テーマに沿って一篇一篇取り上げた作品です。時系列的には相前後しています。

私の著書や論文集に一度は載ったものを「法廷ドラマ」としてまとめています。

当時世間を揺るがした犯罪者も若い人達には無縁です。

しかし、刑事裁判法廷のスタイルは重大事件に限った「裁判員」制度が採用されたものの、基本的には変わっていません。

読者諸兄におかれましては、どの事案も「過去」でありますが、法廷の機能はそのままです。

「裁判法廷」の成り行きに思いを抱いてお読みくださることを期待しています。

著者より

目次

装丁　白沢　正

第一章　刑事裁判における心理鑑定が触発する被告人の人格変容

刑事裁判法廷内は、被告人を巡って、弁護人、検察官、裁判官（一定の重大な犯罪の裁判の裁判員はともかく）の三者は、まさしく対立関係にある。そうだのだが、四者が揃わないと裁判は成り立たないのである。

判事二人と検事、弁護士の四人がマージャンをしようと話し合った。それぞれしかるべき場所で所定の時間になって集まったものの、一人の判事が顔を見せなかった。かなり時間がたち待ちくたびれた頃、弁護士が言った。「被告人を連れてこようか」と。被告人がいなければ刑事裁判は成立しない。

まさに共生そのものである。しかしいつも対立の構造の中にある。これでは被告人にとって有利なものは一つもない。法律に沿って事を処理するだけとなる。罪を犯したといえ「人間」であればこそ「裁判」がなされるのである。

では裁判とは、罪に対する罰は分かるとして、やはりそこには「被告人」も人間の一人として扱われる権利があるのではないか。現今の法廷に少々欠けているのは、そこである。

共生と対立はあっても、対話が成立していないのである。被告人が更正を誓う時のサポーターこそ心の理解者である臨床心理家の役目ではないか。本論は刑事裁判の法廷に「対話」を現実的なものとして誘因する役割人間の登場こそ、被告人に対する真の裁きとなるのではと思い、筆者の臨床法廷の体験をベースにまとめた一考察である。

はじめに

二〇〇三年八月二十八日、児童無差別殺人者として起訴されていた被告人宅間守の一審裁判は、死刑と宣告された。

いたいけない児童を無差別に八人も殺害し、他にも重軽傷を多数負わせた被告人の責任は、一度の死刑では足りないぐらい重いといえる。

被害者家族の心情は一日も早い「死刑執行」を、と報道される一方で、弁護人側は高裁への起訴を決定したとも報ぜられ、極悪非道の犯罪者に、何を今更控訴なのかと憤る家族の口惜しい思いが、新聞記事からも伝わってくるほどに、犯罪人への弾劾は厳しいといえる。（注・本人が忌避）

ところで刑事裁判では、まず犯行事実が確認されると同時に、被告人のそれに至る動機がどうだったのかが問われる。それ故、検察側は起訴するに際して、警察官による供述調書に記載された被疑者の犯した行為の事実をいま一度確かめ、更に供述されている動機の裏をとるため、再度尋問を重ねて検事供述調書を作成、起訴するのに相当かどうか吟味し、その上で冒頭手続きをもって起訴に踏み切るのである。

とりわけ、精神に異常をきたしていたことが歴然としているかどうかの犯行に関し、検察官は通例1．

正式鑑定と、2．簡易鑑定の二者択一で、起訴、不起訴を振り分けている。先に挙げた「宅間守」の場合は、正式鑑定を経て処置されたのは周知の如くである。

だが検察庁が、起訴するかどうかの判断のために「精神病的疾患」を問う場合の大半は、犯行がいわゆる精神病であることを前提にした「心神喪失」のもとで起きたのかどうか、もしそれが歴然としていれば起訴はしない。但し「心神耗弱」の場合は、犯罪の重大度によって変わるというのが現状である。

そうではあるが、読者諸賢も周知の「宮崎勤」の幼児殺害事件のように、社会を震撼させた残酷な刑事事件、また今回の宅間守のような犯罪行為となると、当初から起訴を引っ込めるわけにいかないというか、社会的規範の世論を無視できない日本的文化事情も手伝い、やはり無理にでも起訴に踏み切るというのが、現在の検察庁の手法であるともいえる。

二十六才のオランダ人女性「ルネハルト・ベルト」さんを猟銃で殺害し、パリのセーヌ川に捨てた（お尻の肉片を刺身にして食べたといわれる）確信犯佐川一政氏のような事件がもしも日本で起きていたら、有能なフランスでナンバー・ワンといわれる辣腕弁護士のサポートによるものであったという説はともかく、フランスの司法当局のように釈放されたかどうか疑問であるといえよう。

こういった世間の注目を浴びる病的異常の極地ともいうべき刑事裁判事案に精神鑑定はつきものだが、身近なところで起きている日常茶飯事的レベルの犯行の場合だと、法律条文に沿っての量刑を単純に決めているのが現状である。しかし、その繊細な刑事事案の心理でも、被告人の心身的理由を専門家が介在して一度は問われるべきなのだが、現在の裁判では心理的見地からの介入はほとんどないといっていい。刑事事案では被告人の生活レベルの低さも手伝って、「官選弁護人」が一手に引き受けているが故に、官憲によって作成された文書で、犯行の事実と動機の筋書きさえ整っていれば自動的に量刑が決められている、というのが我が国の刑事裁判の事情である。

なぜ本人がその犯行に至ったのかという被告人の心身状況の背景、あるいは生い立ちに基づくそれなりの負因について、専門家を介在させて深く法廷で追及するなどしない。裁判所は机上に積み上げた事案処理を急ぐあまり、流れ作業の如く処理されているのである。

現にどの裁判所も判事は、朝からお昼休み以外は休憩などはさみようのないほど刑事案件に振り回されている。各法廷の入り口の公示が、そのあたりの様子を物語っているといえる。法廷に判事と検事が缶詰、くるくる変わるのは弁護人の弁護士と被告人であるといっても過言ではない。

ここで鮎川潤著『犯罪学入門』に掲載されていた平成七年十一月六日の名古屋地裁における刑事裁判事案を紹介したい。

被告人、前科前歴七犯の初老の窃盗男が、コンビニで「おにぎり」を二個（二六〇円）盗ったというので起訴された。累犯だからであろう。判決は一年六ヶ月の実刑（求刑三年）であったという。

刑事訴訟法では累犯は厳しいというのが鉄則である。それだけにこういった量刑も決して間違ってはいない。しかし、おにぎり二個でこれだけの長期にわたる実刑、些細な窃盗なのにどうしてと思うと、法律に疎い私たちには簡単に割り切れないというのが実感である。たとえば、被告人の「人間的特性」を考慮した時、意志薄弱とか尊法性の欠如といった道徳的観点だけでは不十分で、脳の微細損傷に伴う「注意欠陥症」とか、「広汎性発達障害」や「知的障害」といった何らかの身体的欠陥を生来背負っているのではないか、とした上での量刑でないと、一年七ヶ月服役してもまた同じ事の繰り返しになると思えてしまうのである（検察官は法廷で「刑務所に入りたかったのではないか」と短絡的に訊問したが本人は否定）。累犯者に多い病的人格のパターンの一つと言えなくはない。

この程度の犯罪は確かに世間を騒がす大事件ではない。しかしどうなのだろうか。文字通り、ハングリーのため所持金がないが故に目の前のおにぎりに手を出したのは、犯罪行為には違いないのだが、七犯だからといってただそれだけの理由で二年近くも実刑というのはどうなのか。被告人の「人間特性」はどれだけ問われたのであろうか。

ところで、今、日本の刑務所における刑務官の服役囚への監護に対し、批判の目が注がれている。相当数の服役囚が無残にも十分な手当を受けられないまま、病死、事故死しているという事実は、名古屋刑務所の不祥事をきっかけに、ジャーナリズムもずいぶん取り上げてきた。法務省は解明に全力を挙げると公言している。

しかし、罪状を認めない刑務官の言い分のほとんどは、「何度も違反するからだ」と言い張っている。ここが問題なのだ。叱られても、撲られても、ひどい仕打ちをされてもまたまたやってしまうという「常同性」的違反行為の服役囚に、どれだけの「人間・心理生理」的アプローチが刑務官や専門家を介してなされているのであろうか。

現在、法務省の矯正局行政にそんな余裕はないのである。刑事事件の弁護で長年活躍され「被疑者、被告人、服役囚」等の心と身の事情に詳しいベテランの弁護士S氏曰く、

「私は刑務所の篤志面接員として法務大臣に委嘱され服役囚の法律相談にのってますが、何度も所内で懲罰を受けて刑務官から悪の中枢のようにラベリングされている服役の人って、やはり私たちには理解しがたい回路の違う何かがあって、その負因を宿命的に背負っているとしか思えないですよ」と。

また「刑事裁判で裁かれている被告人と接してみると、中には法律の規範通り裁くのには異論あり、という思いにかられる」とのこと。即ち、現今の刑事裁判の過程で、被告人が人間であることを前提に、その人間心理的視点からのアプローチが欠けているというわけである。

臨床法廷

では実際に「臨床法廷」的立場で心理系の人間がどれだけのことができるのか、S弁護士より依頼された事案の被告人Hに対する「心理鑑定」に携わった筆者の実例を紹介したい。

犯罪の背後のあるもの、その人間学的視点が現今の刑事裁判で欠落していると思われる共生と対話の視点からみた心理鑑定である。どんな犯罪行為であったのか。警察供述書によると次のように記されて

いる。

被告人Hは、高校卒業後すぐに海上自衛隊に入隊、三年後本人の希望の職業を志し除隊。その後東京に出て調理師免許を取得し、念願の「ショットバー」を経営するのだが、営業成績が伸びず店を閉めることになった。理由は、店の経営上の行き詰まりを苦にしての自律神経失調で不眠となり、それでも我慢してのやりくりが出来なくなった頃「妄想」にとりつかれ、もうろう状態による放浪で保護されるのである。通報を受けた親が慌てて上京し、実家近くのA精神病院に緊急入院させたのである。病院側の診断名は「反応性分裂症」であった。

入院後、日を追うごとに症状が消え、情緒も安定、退院の運びとなったのであるが、入院中院内で知り合った女性患者と意気投合、退院と共に結婚に踏み切り、すぐにベビー誕生という早い生活の変化であった。その後、仕事の上で芳しくなく、収入がついていかず、夫婦の亀裂が原因で妻子に逃げられ、こんなふうになるのは直してくれなかった病院のせいだと「逆恨み心理」が募り、入院していたA病院を襲うことを思いつくのである。

警察官の作成した供述書からその辺りの本人の弁を記してみたい。

「何でこんなに悩まなあかんねん。何でや。そや、こんなに悩むんはA病院が悪いんやと思い始めました。A病院にとっては言い掛かりだと言われるかも知れませんが、この時私は、悩みの原因はA病院が自分の治療を中途半端にした、病院が自分の悩みを解決してくれなかったから、単に悩みが増えてしまったという結論に達しました。そうなると病院に対しての腹立たしさがムクムクとこみ上げてきて、こうなったら病院に一言怒鳴りつけたると、今まで悩み続けた鬱憤が弾けた瞬間だったのです。」

そこでHは、病院には精神病の危険な患者もいると気づき、自己防衛のため、軽装だが紺色に統一したTシャツ、ジーパン、スニーカーのスタイルに身を整え、武器も必要と鍬を持って出掛けたのである。結果は警備員を殴り、消火栓のボタンを押して床下を水浸しにして、病棟の入り口を鍬で叩き壊して侵入しようとしたもののドアーは堅牢で歯が立たなかった。しかも警備員を殴った時反撃されたこともあって鬱憤が晴れなかった。そこで社会の権力者の象徴である警察官をやっつけるともっとスッキリするのではと頭に浮かび実行するのである。

「私は早速、制服のお巡りさんを襲うのにはどうすればいいか考えました。しかしいつも見慣れている交番には七〜八人のポリスマンがいるのを知っていたので、家の中の武器をと『文鎮』を思いつき手に取って、しかしこの文鎮は殴るにしてもあまり長くないものなので、至近距離でしか役立ちそうもないなと、ジーパンの右後ろのポケットに入れたのです。」

だが被告人はこれでは不足と、折り畳み傘と目くらましを家から持ち出し、それに消火器なら噴射すれば奇襲攻撃になると、自宅の棟とは反対の棟から消火器を盗み、本人としては四点セットの完全武装スタイルでK交番に向かったのである。

この時の当人「とにかくポリ公を叩きのめして、その後捕まらんように逃げたら気分もスカッとするから」と。

「捕まってもたら意味ないがな。とにかくポリ公、どつきまわして逃げたるんや」

当人は真剣そのもの。肝心の警察官たちは対応に戸惑いつつ
「お前、何すんじゃ」

と言葉で威圧したものの、なおも突っかかる当人にタックル方式で何人かが取り囲み、最後は一番大柄の巡査に羽交い絞めに取り押さえられて逮捕と相成ったのである。その時の彼の思いは、

「捕まってたまるか。ポリ公どつかんと気分も晴れへんがな」

と抵抗しつつも手錠が掛けられて、それで終わりとなったのである。罪状は、治療を受けた病院や交番を襲うといった一連の暴行、公務執行妨害、窃盗に関するものであった。

単純に解すれば、著しく逸脱した憂さ晴らしといえる。海上自衛隊の勤務、後の「ショットバー」の店の経営においても、まじめに取り組んでいたのだが、慣れないストレスと本人の能力以上のものを必要とする東京生活の過労が起因したと思える中枢疲労によって、睡眠障害が触発されたのである。こういった状況を勘案するとき、窃盗と暴行即刑罰といった裁判では、被告人の人間としての心理・生理的要因が全く無視されることとなる。そう危惧した官選弁護人の弁護士S氏は、心理臨床の場に携わり、

これまでに殺人からストーカーにいたる刑事裁判で証言し、かつ心理鑑定の経験の多い筆者に依頼となったのである。
拘置所にはS弁護士と同伴、四十五分間の心理面接となった。父親との前もって会っていた内容も念頭に置いて、私なりの心理所見を裁判所へ提出したのが次の内容である。

平成15年8月20日
大阪地方裁判所
堺支部御中

六甲カウンセリング研究所
神戸海星女子学院大学教授
井　上　敏　明

心理所見書

現在、窃盗、公務執行妨害、暴行を犯した罪により、大阪地方裁判所堺支部において、公判中のH被告人に関する「心理的所見」を得ましたのでここに報告し、意見具申といたします。

前書き

平成15年7月8日付の文書において、H被告人の弁護人、S弁護士より、心理所見に基づく意見具申の依頼を受けました。その用件は、

一、親の今後の対応に関し、臨床心理学的見地からの専門家としての助言

二、被告人の犯行のルーツである「衝動的怒り」はどのような内容のものか、そのメカニズムについて

三、被告人の逸脱した行動は、果たして精神病の範疇に属するのかどうか

四、今後の治癒の可能性有無について

以上の4点でありました。

弁護士S氏の要望は、H被告人は反社会性を帯びた累犯を予想せしめる犯罪行為を重ねるような人格ではない、という感触からこのたびの一連の問題行動の背後に、心理的・身体的に特異なる理由が潜在してはいないか、もしそうであれば解明して欲しいというものでありました。

1．H被告人との接見とその印象

日時：二〇〇三年八月一八日

AM10：00～10：45

場所：大阪府堺拘置所　接見室
立会人：弁護人　S弁護士
　　看守（刑務官）
面会理由：心理鑑定
短い時間でありましたが、応答の態度は誠実、言語は明瞭、話の内容の筋道も論理的、更に思考展開は広がりのあるもので、警察供述調書から憶測していた以上の好印象の風姿と受け止めました。

2. 応答内容

もっぱら私の関心は、H被告人の、こちらの質問に対する応答内容から本人の心理的現象がabnormalないしsubnormalと思える節の有無の確かめにありました。

被告人Hに対するあらかじめ準備した質問のポイントは、
a．怒りや焦燥感など衝動的な逸脱行動が内面より突き上がる際、何によって触発されているのか。

b．そのとき意識はどうなるのか。あきらかにnormalでなくなった時の自我はどうなっているのか。気付いているのかいないのか。

c．東京で現実逃避のため、離脱的に放浪したときの心理を、いま想起してみると、どう説明できるか。

d. 病的と思えるほどにidea が次々に浮かぶことがあるのを「fly of idea」と精神医学的にいっているが、その点はどうだったのか。

e. 事件当日の状況を、今の時点で思い出したとき、何がそうさせたと思うか。

等々の質問をH被告人に向けたところ、その都度、的確に答えることができ、警察官供述調書に書かれているstory と比べ、被告人の意識内容は量的、質的に高いものと判断しました。このやり取りでわかったことを、臨床心理家の立場で明記します。

3. 逸脱的心理と身体的反応の背景

私の長年の臨床経験から推察いたします限りにおいてですが、東京での「ショットバー」経営は、規則的、服従的海上自衛隊勤務などに比べ、本人の能力をはるかに超えた、際限のない、あるいは極度に不明瞭な、いわゆる先行き不透明故に不安感を誘発するものであったと推測します。そのような仕事がもたらすストレスによって、いわゆる「中枢性疲労」の限界を超えた疾病状態だったと考えられます。

それ故、睡眠障害に陥り、あたかもmanic（躁的）状態、例えば眼科疾患の「飛蚊症」のごとく考えが浮かんでは飛ぶといった状態にあり、本人は冴えていますと述べていますが、そのこと自体がすでに病前的状況であったと考えられます。その疲れがときに、今度は抑うつ的心情となり、客からの当然の報酬を罪悪と感じてのあせりは深刻だったようであります。そのため、耐性の限界を超えストレスから離れたいという遮断、即ちescape現象が起きたと考えても無理はないと思います。

4. 精神病院入院及び通院後の心情

精神科的医療の処置で少なくとも当初は寛解していたと思えますが、入院中知り合った患者同士の結婚、ベビー誕生、失業、家庭内の親子間のトラブルなど、まだまだ不安定の渦中にあるにもかかわらず、次々と心理的負荷を抱え込み、その結果、再び反応性の精神病的状態が顕在化。同時に自暴自棄的状態にも落ち込み、アルコールの量が増え、当日は本人の弁によればその上に、薬も服用したことも重なり、事件を誘発したと推察いたします。

5. アルコールとの関係

本人にとって、アルコールは「万能感」と「高揚感」的絶大の心情を触発することから、現実逃避のための手段として、口に入れていたともいえます。

6. 逸脱心理と異常行動はどこから来るのか

米国精神医学協会の権威ある専門書の一つ、カプランの“Synopsis of Psychiatry”の診断基準を参考にして、H被告人の逸脱行動を考察しますと、分裂病型人格障害、及び境界型人格障害の二つがオーバーラップしているように思えます。カプランによれば、A病院が最終的に診断した「人格統合失調」かもしれないという考えの前提となる「病前性格」がこの分裂型人格障害であるとしています。それは極度のストレスに遭遇したとき資質にその傾向があると、精神病的症状を触発すると以下のごとく記載しています。

「ストレス下では、分裂病型人格障害患者は、それを代償できず、精神病様症状を示す場合がある」

ちなみに、人格障害の診断基準を掲示いたします。

A. 親密な関係で急に気楽でなくなることとそうした関係を持つ能力の減少、および認知的または知覚的歪曲と行動の奇妙さ、の目立った、社会的および対人関係的な欠陥の広範な様式で、成人期早期に始まり、種々の状況で明らかになる。以下のうち5つ（またはそれ以上）によって示される。

①関係念慮（関係妄想は含まない）。

②行動に影響し、下位文化的規範に合わない奇異な信念、または魔術的思考（例：迷信深さ、すなわち千里眼、テレパシー、また〝第六感〟を信じること：小児および青年では、奇異な空想または思い込み）。

③普通でない知覚体験、身体的錯覚も含む。

④奇異な考え方と話し方（例：あいまい、まわりくどい、抽象的、細部にこだわりすぎ、

紋切り型)。

⑤ 疑い深さ、または妄想様観念。

⑥ 不適切な、または限定された感情。

⑦ 奇異な、奇妙な、または特異な行動または外見。

⑧ 第一度親族以外には、親しい友人または信頼できる人がいない。

⑨ 過剰な社会不安があり、それは慣れによって軽減せず、また自己卑下的な判断よりも妄想的恐怖を伴う傾向がある。

B. 精神分裂病、精神病性の特徴を伴う気分障害、他の精神病性障害、または広汎性発達障害の経過中にのみ起こるものではない。

注:精神分裂病の発症前に基準が満たされている場合には、〝病前〟と付け加える。

例:分裂病型人格障害(病前)。

対人関係、自己像、感情の不安定および著しい衝動性の広範な様式で、成人期早期に始まり、種々の状況で明らかになる。以下のうち5つ(またはそれ以上)で示される。

① 現実に、または想像の中で見捨てられることを避けようとする気違いじみた努力。

注:基準5で取り上げられる自殺行為または自傷行為は含めないこと。

② 理想化とこき下ろしの両極端を揺れ動くことによって特徴づけられる不安定で激しい対

人関係様式。

③ 同一性障害：著明で持続的な不安定な自己像または自己感。

④ 自己を傷つける可能性のある衝動性で、少なくとも2つの領域にわたるもの（例：浪費、性行為、物質乱用、無謀な運転、無茶食い）。

注：基準5で取り上げられる自殺行為または自傷行為は含めないこと。

⑤ 自殺の行動、そぶり、脅し、または自傷行為の繰り返し。

⑥ 顕著な気分反応性による感情不安定性（例：通常は2、3時間持続し、2、3日持続することはまれな、エピソード的に起こる強い不快気分、いらいら、または不安）。

⑦ 慢性的な空虚感。

⑧ 不適切で激しい怒り、または怒りの制御の困難（例：しばしばかんしゃくを起こす、いつも怒っている、取っ組み合いの喧嘩を繰り返す）。

⑨ 一過性のストレス関連性の妄想様観念または重篤な解離性症状。

結語

医師ではない私には、医学的診断の資格はありません。しかし、殺人からストーカーまで、裁判で問われた数例の心理鑑定をしてきました経験から申し上げますと、H被告人の逸脱行動は、限りなく病的状況下にあったものと判断します。その負因は、重篤な中枢疲労が起因しています。これには本人の気質、性格などの多少の偏りのある側面も影響しているとも思えます。典型的な粘着気質と内閉的なこだわり、更には環境的要因が左右したと思える自己顕示欲の強さなど、どうしても周りに過剰適応し、無理をし、自分を失ってしまうという病的な仕組みが、自我を喪失させ、逸脱的行動へと化することのメカニズムを背負っていると考えられます。

8月18日現在、拘置所に在監している限り状態は安定、意識清明、心身は健康、いたってnormalであります。なぜでしょうか。外的ストレスに脅かされない、すなわち生体維持の閾値（いきち）を越えない程度の圧の中にいるからだと判断します。規律的で服従をよしとする状況下では、本人はまさに至福といえます。それ故、心理診断的所見は、分裂病型・境界型、人格障害系とはいえ、亜流の範囲内におさまると考えますので、今後は、この拘置所内での心身の安定感覚を重視し、バランスのとれたセルフコントロールの維持のため、病院の治療、カウンセリング、家族の支えなどの条件を整えることで、自我の成長と生体的維持を目指すのであれば、予後はかなり良好であると推測します。幸い、知的レベルは普通水準より高く、人柄は誠実ゆえに、専門家のサポートがあれば自我の再構築は可能性高いと判断します。

そして、四日後私は堺支部の法廷に証人として立ち、三〇分にわたってH被告人の事件と心身状態の相関についての「意見」を述べたのである。
十日後にS弁護士からの判決の結果に関する内容の文書がFAXで送られてきた

平成15年9月2日

六甲カウンセリング研究所
所長　井上　敏明　様

（住　所）
（TEL）
弁護士　S、

前略失礼いたします。
H氏の判決が、本日1時30分に言い渡されました。
（検察官側の求刑、懲役2年）
判決内容　懲役1年10月（未決算入60日）
執行猶予、3年
以上のとおり先生のお陰をもちまして、寛大な判決を頂くことができました。本人も父親も大変喜んでおりました。

つきましては、本人は今日から家に戻りましたので、一日も早く治療を受けさせたいということです。

先生にご紹介頂ける病院を、お教え頂ければ幸いです。

なお、(父)氏に直接送って頂いても結構です。

よろしくお願い申し上げます。

草々

担当の裁判官は女性判事であった。私の証言の後、裁判所の廊下でS弁護士は、「厳しい判事さんです。しかし分かって下さると良い判決を出される方。先生の心理所見の内容に関する証言を理解して下さるのを祈るばかりです。」と話されたことがファックスの文面から了解でき、三者対立の法廷内の共生と対話の構図をそこに見いだし安堵したのである。

執行猶予の量刑の理由として、①外罰的傾向 ②犯行時におけるアルコールの影響から動機は了解でき、③かつ事実関係の明瞭な記憶があること、公判廷の態度に異常は全くないということから、「本件各犯行は心理的防衛機制によるものとして了解可能」であるが故に、完全責任能力を認めるがしかし、「現在では各犯行を深く反省し、弁護人の紹介による医療機関で治療を受けて社会復帰を目指す決意でいること」と種々の要因から判断して、「社会内での更生に期待するのが相当」、というものであった。

考察

長年にわたり刑事時事件裁判に携わってみえたS弁護士からのFAXの文面からも伺うことができるのであるが、判決文の内容は、被告人の犯行の背後にある、まさに「人間臭い」〈ヒト〉の心の現実的側面にピタリと添った内容であることが分かる。

単に罪と罰といった形式的な思考過程でなく、被告人の心情を「人間」的在り様の視点から汲み取り、その心的メカニズムを理解した上で、過去、現在そして未来の時勢に沿っての判決は、判事の犯行心理を「人間的」視点に基づいて認識したものと読みとれるのである。心理所見がその一助となっていたこと、それがベテラン弁護士S氏には痛いほどわかるのであろう。

しかし先に触れたが、司法界の現状は、数多くの事案を処理しなければならない。それだけに「人間」がスポッと抜けてしまう。重罪と評される裁判の精神鑑定合戦はともかく、一人の判事で裁く程度の事案ほど、「人間」というよりも犯行者があたかもロボットのように素通りしかねない。検察官、弁護人、裁判官がすでに作成された文書に基づいて公判が進むのだが、共生と対話に無関係な法廷内では被告人にとって自分と関係のない人間のようにしか聴こえてこないのだという。

それだけに刑事事案で裁かれる際、事件の重さを別にして少なくとも精神科医に限らず、臨床心理系の専門家が、判決に至るその過程で介入することの必要性を痛感するのである。

犯罪行為そのものは、動物的、本能的、衝動的、短絡的に基づく結果であるわけだが、だからこそ人間社会システム内での法的道徳的制裁を被告人は受ける。それは致し方ないとしても、人類始まって以来、未来永劫にわたって絶対といっていいほど尽きることのない犯罪行為は、いかにも「人間的」所業といえるだけに、刑事裁判の公判過程で、人間学的見地に立った心理的所見を介入させることによって、被告人自らが「人間」であることに気づくという場の設定こそ更生への第一歩となるのではないか。

刑を終えれば全てが消えるのではなく、罪を犯した本人が裁判を通して、「人間性」に目覚めるというプロセスがあって初めて、真の人間へと自己実現するお膳立てが出来るのである。

刑に服してまた罪を重ねる累犯者、それも殺人罪で問われ、無期刑と決まり二十年近い服役囚をつとめ、模範囚として仮釈放されたのにもかかわらず、出所間もない時期にまた人を殺めるというどうしようもない〈ヒト〉も現に存在するという事実に直面すると、「裁判」とは、「刑に服する」とは何か、考えさせられてしまう。

それだけに、どこで被告人が「人間」としての自分に目覚めるのか、長い臨床経験の中で私なりに考えるのだが、やはりまずは「公判」のその過程において、共生と対話の精神を活かせる場面を設定せしめる臨床心理家が介入することである。それも単に心理的次元からの解明でなく、限りなく「人間学的アプローチ」を試みるというタッチが大切ではないかと考えるのである。

またまた世間を震撼させた九州は長崎における中学一年生による児童殺害事件、日本全国、とりわけ教育界が揺れたといっても過言ではないほどの事件、このニュースに国民は一時釘付けになったのであった。

報道された事件内容から私は広汎性発達障害の一つ「アスペルガー障害」系の少年と推測し、読売新聞西部本社編集委員（論説委員）岩田伊津樹氏にコメントしたのだが、その一文が「解説」記事として二〇〇三年七月一二日朝刊の「読売」に全国報道された。紹介したい。

「長崎と神戸事件　２少年の印象に共通点　悩み分かつ地域社会崩壊」

今回の事件でまず思い出すのは、一九九七年に神戸市で起きた連続児童殺傷事件である。十四才の少年が、児童の首を絞めて殺害した後、頭部を切断するなどの衝撃的な事件だった。

神戸と長崎の両事件に共通するのは、頭がよい少年という印象だ。捜査陣をあざ笑うかのような神戸事件の挑戦状は、情報の豊富さから三十代の男ではと言われた。少年は、百人一首を一晩で八十も覚えるなど記憶力は抜群だった。

長崎の事件の少年は、塾に行っているわけでもなく、勉強を一生懸命するわけでもなく夜遅くまで街をはいかいしているのに、学年で九番という成績だった。

神戸事件では、少年を医療少年院に送致した際の家庭裁判所の決定文の中に簡単な精神鑑定の記述がある。

この中で長崎の事件との関連で注目されるのが「直感像素質者」という言葉だ。鑑定では「この顕著な特性が本件非行の成立に寄与した一因を構成している」としている。

直感像とは、目で見たものを写真のように思い出せる特殊な能力だという。神戸事件に詳しい神戸海星女子学院大学の井上敏明教授（教育臨床学）は「一般にこの能力があると記憶力が抜群で、学校での成績が優秀なケースが多い」と話す。ただ、この素質を持つ人間は、他の人と感情を共有したり意思疎通したりする能力が低く、学校など集団の中では指示通りの行動や一致した行動がとれない。このため、「変わった人間」との評価になり、仲間はずれにされたり、いじめの対象になったりする。「こうした周囲の対応が原因となって、孤独や空想を好むようになったり、社会に対する憎悪を募らせたりすることがある」と、井上教授は説明。成績がよくても、学校や家庭で気付いたら、早い段階で児童相談所などの専門家の診断を受けるように勧める。〔後略〕

そして九月、長崎少年の精神鑑定の結果がニュースとして報道された。私の推測通りの「アスペルガー障害」とは記していないが、「広汎性発達障害」で、他人への共感性欠如とあり、二五〇人に一人の割合で出現と記事（「読売新聞」二〇〇三年九月一九日）に書かれていた。

「広汎性発達障害」とされている内容では、①自閉障害　②レット障害　③小児期崩壊性障害　④アスペルガー（Asperger）障害　⑤特定不能の広汎性発達障害　に分類されているが、長崎少年の場合④アスペルガー障害系といえる。

疫学的には二〇〇人〜三〇〇人に一人とされ、日本だと六〇万人近くになるという。愛知県豊川市で高三の男子生徒が、近くに住まいされている「主婦」を殺して見たいとの思いで殺害した少年事件では「アスペルガー障害」と診断され医療少年院に送致された。

因みにこの事件が全国に報道された時の私のコメントを紹介しよう。

『経験したい』というのはかなり大きいキーワードだ。ゲームなどで人を殺す場面をバーチャルで見て快感を得ていたのではないか。ふだんの生活はブレーキが利いているが、アクセルを踏みたいという欲求は強い。それを解消するためにゲームをするが、年季が入ると簡単に満足できず、バーチャルでなく実際のリアリティーがほしくなる。殺人で一気にエネルギーをはき出し、今は普通の子に戻っているだろう。いい成績で周りの期待が大きい子ほど、エネルギーを抑え込んでしまう傾向が強いと思う。（「読売新聞」朝刊　二〇〇〇年五月二日）

このような経過をたどって成長してしまうアスペルガーの障害児が後を絶たないのはなぜか。今後の我々の分野に携わる人間の課題といえる。

周知の如く、大阪教育大付属小学校児童殺害の宅間守の犯行は、反社会性人格障害、分裂病型人格障害などの負因を巻き込んだ境界型の人間で、精神病による心神喪失とは考えられず、責任能力ありと判事は断定し、死刑の宣告を受けた。これまでの犯行の過程で、時には専門医によって「分裂病」と診断されての不起訴であったりして保護処分、犯罪相当の罰は回避されていた。本人の病理的心身への解明が十分にされていなかったといえる。

結果的には、重罪以上の、まさに異常な殺害行為となった。そこに至るまでの幾度にも及ぶ起訴にせよ不起訴にせよ、犯罪行為をなした人間に対する法的処分の結果を得るまでの過程で、「宅間守」なる特異なる人間が自らそうであることを認知するために、心理臨床系の専門家が介在していたらどうであったのか。

様々な角度から入手された宅間守の人物評価のための資料から推察するに、私たち臨床心理の立場にある者としては、いわゆる「注意欠陥多動性障害」であったと推察できる。

累犯系の被告人の刑事裁判で裁かれる被告人の多くが、このカテゴリーに入れることができる。カプランによれば、家庭では両親の要求に従わない、行動は衝動的、癇癪もち、怒りっぽい、集中力の欠如、衝動性、一貫して攻撃的で反抗的で反社会性人格障害の特徴を示し、成人後分裂症（人格障害不定）を伴うなどとあるが、宅間守の工業高校一年の「手記」なる文章に目を通すと、まさにカプランの記載する心身状態そのものである。

結果論になるのだが、大量の児童殺害に至るまでに、幾度となく警察署、検察庁、裁判所、病院といった機関との関わりをくぐり抜けた「宅間守」。教育大付属の事件発生前の段階で「人間」としての目覚めを得るチャンスはなかったのか。ここが日本の司法界の抜け穴と断定できる。

結局は、心神喪失か耗弱かの二点において「診断する」だけの精神科医のみの介在する形式が、枠組みとして組み込まれているだけで、被告人が「人間回復」への道に沿った自我に触れうるための専門家による介在は現在皆無といえる。

問題行動に至るその前に、そうならざるを得なかった身と心の問題点に迫り、その病理的メカニズムを本人も認知するといった人間心理的取り組みのできる専門家の介入が、いまこそ司法界に課せられていいのではないか。

殺人者が、被疑者になり、被告人となる。その過程でまさに「人間学的見地」に立った人間回復のための介在、介入の場が、公的見地から考慮されなければ、累犯事件や宅間守のような大事件発生の歯止めにならないのではと痛感するのである。

あとがき

どうしても触れておきたいことがある。「心理所見書」・「心理鑑定書」に弁護人、検察官、裁判官たちが目を通すのは当然としても、肝心の被告人は読む機会がないのである。所見の内容を知るのは法廷で、その臨床心理家が証人として証言してはじめて知るわけである。自分の犯した結果とその動機は、公判で検事を通しあきらかになるわけだが、被告人の「人間特性」について、検察官がよく言う筈はない。弁護人は助力の立場で情状酌量のために発言する程度。そこで筆者のような立場の人間が法廷で証言してはじめて、被告人は自分の心の深層に触れ、回復見通しの希望を耳にすることができるのである。

同時に身内であるファミリーたちも、新たな視点で犯罪者となった肉親の心と身体の問題点や可能性について話す証人の発言に、これまでの否定的な見方でない、未来も射程に入れての理解が可となるのである。

ここに、親から完全に見離されていたストーカーで起訴された三十才の男性の親が、証人（筆者）が法廷に立って証言した時の内容を聴いて、息子を見る目、気持ちが変わった、という、裁判所へ提出した文書があるので紹介したい。

まず最初に、被害者とご迷惑をおかけした方々に親として心よりお詫び申し上げます。x月x日に予定していました息子の裁判に行けなかったことを申し訳なくおもっています。八十才になる母がx月x日S市にて自動車にはねられ骨折し、S病院に入院し付き添いのためいけなくなりました。

また、主人も私が居ないので商売もままならず、店を閉めて仕事に行ったり手伝いをたのんだりして生活をささえていますので出席できそうもありません。息子の方も気になって仕方ないのですが、母も高齢ですのでどうしてもぬけられず裁判の方は、自分の息子なのに申し訳ないのですがS弁護士にお任せしたいと思います。

息子は小さい時からずっと問題行動が多く、少し違うと思いつづけてきました。病院にも行き、保健所、祈祷師にも行きましたが何もしっくりいきませんでした。

井上先生から症状的にもピタリと思われるＡＤＨＤ（注意欠陥多動性障害）という逸脱した行動を疑うと言われ、もしそうだとすれば息子が今まで理解できない部分があったり理不尽と思うことがあって、どんなに苦しんできたかと思うとかわいそうな事をしたと思います。

この度治療法があるとわかって目の前がパッと明るく開けたような気分がしました。井上先生にアドバイスや病院を紹介していただき治療していき、一生をかけて直してやりたいと思っています。世間に迷惑をかけない、また自分自身が納得することが出来る様な人に、息子が四十才になっても五十才になっても直してやりたいと思っております。どうぞよろしくお願い致します。

当初は同じ犯行を繰りかえして来た息子を一生獄内につないでほしいと裁判所に上申していた親が変容したのである。犯罪人以上にその身内の対応が当人の人格変容のカギとなるのである。

Ｈ被告人の親も当初出会った時、まことに我が子への関心が薄れ、どうにでもなれ、の感がありありと発言や態度にあらわれていた否定的あきらめ感が、筆者の証言を聴いた直後より変わり、わが子への思いに変心していたのである。見方を変えると運命も変わるという。まさにこの定義通りの変容がおきるのである。被告人は本当の自分のことを法廷で、証人によって語られることで、再生のステップを得るのだがそれ以上に親の変容が本質的に彼の心を変えるチャンスになるのだ、といえる。

H被告人と父親が二人して筆者の研究所に見えた。人生の先が短い自分に何ができるかと親が考えるようになったという親の証言にHは涙したのであった。

法廷心理的次元にたって考察する時、「所見書プラス証言」は被告人自身の気付きを触発し、自我の骨組みを再構築しようと決意するに至る、H親子の姿は印象的であった。

日本の法廷も裁判員制度を導入、いまこそ刑事裁判の法廷に被告人の人格変容の場面設定がもとめられなくてはならないと思う次第である。

第二章　心理鑑定人の見た家庭内殺害

心理鑑定を巡る「実母殺し」法廷ドラマ

次に「心理鑑定家」が刑事裁判法廷においての「証言」が、どのような審理の中に組み込まれて行くのか、一つの「ドラマ」としてお読み頂きたい。

法廷内では「くどい」ほど同じ内容の質問や確かめが繰り返される。その流れはスムーズとは言えない。「面白い」といった類いの「物語」にはなりにくい。しかし、証人が、検察官側からの出廷か、さらに、裁判官、弁護人の立場かでかなり様子が変わっていくもの、と思って頂きたい。

次なる内容は、あくまでも、弁護人の要請に応えての証人であるから、より中立的透明性を念頭において発言したものである。「ドラマ」と言っても過言ではない。

〈実母殺し事件〉

二〇〇五年一〇月六日、職探しは懸命であったが依然として無職の二十四才になる一人息子、青年Fが母親を包丁で殺害したという殺人事件の裁判で、弁護人のS弁護士からの心理鑑定の依頼を受け、まずは拘置所で本人と接見し、その上で心理的所見を作成し裁判所に提出したのが次の内容である。

F被告人に関する心理所見書

〈はじめに〉

二〇〇五年一〇月三日、弁護士S氏よりF被告人の国選弁護人として、被告人の母親殺害に関して、次のような観点での心理所見を依頼されました。

1. 母親を本当に殺したいという衝動にかられたのかどうか。
単におどすつもりが、弾みで本件のようなことになったのか。

2. 被告人は暗く、少し口ごもるようにも思われます。
どのような性格であり、又人格障害は見られるのでしょうか。

3. 被告人の父も失意の中にあります。
今後、被告人のどのような点（精神面）に注意が必要なのでしょうか。
改善される可能性はあるのでしょうか。
服役するについて、被告人の精神面に及ぼす影響はどのようなものか。
一層人格が破壊される恐れはないか。

とりあえず、検察官による「冒頭陳述書」及び警察官と検察官作成の「供述書」を読ませて貰い、その上でお引き受けするかどうかを決めることにいたしました。

三通りの文書を通読いたしました限りでは、
1. 被害者の母親のみならず、被告人の特有と思えるパーソナリティの記述が不足しているのではないか。
2. 殺害時の両者の心的な衝突が悲劇的な結果と相成った経緯に、いささか違和感を抱く。
3. F被告人の「言い分」が少なからずあったのでは。
4. 残念ながら被告人特有の負因であるともいえる回避性パーソナリティのため、状況下における当事者の心的意思が供述のさい語られていなかったのでは。
等々と判断し、心理鑑定家として役に立てればと弁護人からの依頼要請を引き受けることに致しました。


〈拘置所面接の印象〉

前もってS弁護士から被告人に関し、「性格は暗く、あまり話したがらない、沈黙がち」と聞いていました。

二〇〇五年一〇月六日午前、大阪拘置所面接室にて、約一時間三〇分の面接となりましたが、F被告人の態度は終始一貫誠実で、こちらの質問に対し率直に応答（小声でありましたが）、的を射た話をしてくれました。

面会の後、S弁護士曰く、

「面談の仕方であんなにも態度が違うのですね。後で一緒にさせて貰い勉強になりました。私などはやはり、返事がすぐにないので先を急ぐあまり、強い印象を与えるのか、なかなか返ってこないですよ。」

とのお話、警察、検察当局における被告人の取調べとオーバーラップし、ほんとに当人の意思が吐露できたのか、いささか危惧したのでした。

〈問題提起〉

母親が、被告人の手にした包丁で死亡したことは、争えない事実であります。しかし、警察、検察双方の供述書の中に、「はじめから殺意あり」の一文が必ず書き込まれている文章の流れといいますか、コンテキストに多少の違和感を抱いておりました。

案の定、被告人と面会の時間が最後になった時、「何か言いたいことがありますか?」と尋ねたところ、「殺すつもりではなかった。脅かすつもりで、母の異常なヒステリックな振舞いを抑えるために包丁を持ったのです。」

と、ゆっくり静かに語ってくれましたのが、特に印象的でありました。

そう思って、検察、警察で作成されました供述書を読み返してみますと、やはりそうだったのか、私はもともと「包丁は脅すため」手にとったのではと直感していたのでした。

〈供述書の矛盾点〉

警察調書によれば、平成十六年一〇月頃うるさく罵倒する母に対し、我慢の限界を超え耐え切れず、包丁を見せつけて

「定職につかねばならないくらい分っている。いちいちゴチャゴチャ言うな。黙っとけ」

と母を威嚇したとありますが、その日、母と手を握って寝た、とも記載されています。

幼少時からの生育史をみる限り、対人関係能力が欠落していることがよく分かります。言葉が遅い、感情表現が乏しい、不器用、学習遅れ、性格が暗い等で、周りからは疎遠というか、距離を置かれていたためか、その反動で一人っ子という事情も重なり、密なマザコン的関係であったことが分ります。

男の子の一人っ子だからそうなるのではなく、幼少期からの集団の中で適応障害状況に置かれているために、その分、反動的に母と癒着してしまったと解せます。まさに、むき出しの愛憎関係の典型パターンの母子関係が、まずは成立していたわけです。

検察供述調書では、

「私が母親を殺そうと思って刺したことに間違いありません」

「母親が包丁に自分から刺さったということはありません」

「母親を殺そうと思って包丁を母親の体に突き刺した」

等々の文章が書かれています。

　また警察供述調書でも、

「母を殺そうという気持ちにかられました。そう思うと私は咄嗟に台所の流し台の包丁立てに差していた包丁を取り出しました。」

とあります。

　一〇月十五日、私との面談で父親のＦ氏は、「鋭利な刺身包丁が近くにあったのに、わざわざ鈍な包丁を取りに行ってそれを持った」と私に語っておられます。

　拘置所で、

「殺す気はなかった」

と語ったＦ被告人の発言を一般的には、被疑者や被告人はたいてい後になってそう言うんだ、と司法界ではそれが常識であることを承知の上で、強くて深い、他の誰もが入れない（父親すら）被告人と母の密着したかかわり合いの延長線上で、今回の殺人事件は考えるべきという思いに達したのです。

〈人格の特異性〉

大人しい子であるのに、小学二年でいじめられたことが起因して相手の子（証言者の一人）を突き飛ばし、四本もの歯を折るほどの怪我をさせています（パニック発作様）。一連の供述書では、被告人の言動を記載する時、我慢という単語使用の頻度が高くなっていますが、現実は対人関係上の能力に欠けているのを知っているので、変に自己主張しないで逃げること、ないしは無抵抗という回避性的人格障害に近いまま、成人の年齢の域に入っていたと推察できます。

更に、「最後は身体言語」的な、切れるという異様な行動が、年齢の節目にあったという供述書内容の如く、相手に自己の意思が伝わらなくても、それはそれで状況に流されることで適応することを運命づけられた被告人のパーソナリティの特性、回避性人格障害をも予想せざるを得ない、特異性だったと推察いたします。

反面、供述のその過程で取調官のある意図に基づいた、言うならば誘導に近い問いかけに対しては「嘘」と承知しつつ同意することで自己顕示的存在感を抱くといった心の仕組みが供述書から伺うことができます。

回避的だが自己愛が強いという特異な性格傾向と、二〇才を超えた青年の自我の発達レベルを基準とすれば、異常とも言うべき母子密着性がオーバーラップしています。その公判での発言によれば、母親が息子と性的に癒着していたことが判明しています。その延長線上で両者の間柄を推測するに、「近親相姦的関係」のあったことは否めません。

それ故、母親が隣家の犬の鳴き声に反応し極端に音を出していたことで、聴覚的にも絶対音感能力もある本人には、そのような母親の騒ぎ方が異様に映るだけでなく、反撃されたことが起因して触発した、アスペルガー系人間特有のパニック反応のようにも思えます。

そこには、我々が外から客観的に覗いても見えない、母と息子だけが知り得る関係の在り方があって、母のヒステリックな逸脱したと思える言動は、単に傍から制するという以上に、そう振舞う母に耐えられなかったという心情が興奮度を高めたかもしれないのではと推測します。

主観的には、殺すつもりは無かったのに、刺殺となってしまった。この本人の錯倒した意識が、拘置所という時間の停まった、外界から遮断された場所で「自分はあの時、ヒステリー発作様の母親の行動を制止させるため、脅かしでもやろうとしたのだ」という動機が脳裏を支配するようになったのでは。一方、供述時の取調官とのやりとりで「刺殺」の線で質問されると、いつの間にか、担当官の方々との順応的なかかわりが先行し、本心、本音とは相違するかもしれない「殺すために刺した」といった方向で書面に捺印したものと考えます。

〈結語〉

公判を通して、「殺すつもりだった」のか、それとも「脅すつもりだったが母とのもつれで刺すことになった」のか、といった争点に関し、被告人の複合した心理も念頭に置かれて審理されますことを願ってやみません。

因に、F被告人の特異なパーソナリティのルーツにある人格の中核は、広汎性発達障害の一つのタイプ、「アスペルガー障害」系の亜型（アスペルガースペクトラム）ではないかと、面会と各種供述書及び、父F氏との面談で判断しましたことを申し添えます。

以上

○○地方裁判所

裁判官　様

六甲カウンセリング研究所

臨床心理家　井上敏明

二〇〇五年XX月XX日

〈法廷証言〉

この心理所見の狙いは、被告人を「アスペルガー症候群」青年としての見方を参考にして審理の上で検討して欲しいというものであった。

幸い裁判所は私を「証人」として出廷を求める旨、弁護人に連絡があり、二〇〇五年十二月十五日、〇〇地方裁判所に出廷したのである。

その時、法廷における私の証言は、裁判所より後に「遂語記録」として送付されてきた。

その全文を紹介したい。法定で、裁判官、検察官、弁護人に問われるまま応答した内容である。

平成十七年（x）第xxx号

証人尋問調書

（この調書は、第四回公判調書と一体となるものである。）

裁判所書記官印

氏名　井上敏明

年齢　昭和十年二月一日生

職業　六甲カウンセリング研究所長、大学院教授

尋問及び供述

別紙速記録記載のとおり(尋問の冒頭に証人の詳細な経歴が提出されたので、本調書の末尾に添付した。)

以上

事件番号　平成十七年（x）第xxx号
速記録　第四回公判
平成十七年xx月xx日
証人　井上敏明
弁護人

弁護人
簡単に先生の経歴をお聞きいたします。大学は立命館大学大学院文学研究科修士課程哲学専攻の修了ということですか。
　はい。
弁護人
専門はどういうことになるんでしょうか。
　実存心理学のような、哲学と心理学が重なった領域であります。
弁護人
今現在は、六甲カウンセリング研究所の所長を務めておられる？
　はい。

弁護人
大学のほうは、現在は国際メンターシップ大学院大学の教授。
はい。それ以前は神戸海星女子学院大学の教職科目の主任教授で十五年勤めました。
弁護人
大学ではどういうことを研究されていたんでしょうか。
臨床心理学系の分野で、割合幅が広うございます。
弁護人
今現在は、どういう研究をなさっているんでしょうか。
現在は、いわゆる人格障害からごく普通の不登校の子供さんまで、幅広く、精神疾患から心理的要因のトラブルまで、子供から大人までの年齢の、幅広い領域で相談を引き受けております。
弁護人
今回、先生にここへ出ていただく前に、心理所見というのを書いていただきました。
はい。
弁護人
それに、あらかじめ、本件で問題となってます冒頭陳述書、それから警察官と検察官が作成した供述調書、それは全部お読みになっていただけましたか。

はい、一応目を通しました。

弁護人

先日、公判廷での被告人の供述調書も送らしていただきましたが、これも読んでいただきましたか。

はい、第三回分、読ましていただきました。

弁護人

それを前提にお伺いいたします。調書にも記載がありましたように、被告人の生い立ちというのは、当初発達障害が見られ、それから小学校、中学、高校に至るまで、孤立していじめに遭っていたというような、大ざっぱですが、そういうことになるんですが、これは何か被告人の人格的な障害というものはあるんでしょうか。

今、文部省では、特別支援教育という領域の中にアスペルガー障害系の人を入れておりますけども、私の印象では、ずっと読ましていただいた限りでは、いじめに遭っていらっしゃるとか、学校生活での対人関係の長い歴史の中で、大変つらい状況にいらっしゃったということは、何かお子さんの中に、対人関係上の点で少しつまずきを背負っていかなければならない何かをお持ちだったのかなという判断をいたしました。

弁護人

今回の事件、母親を包丁で刺した、それで母親が死に至ったという事件なんですが、彼の中学時代に、周りから見れば何が原因か分からない、後から聞かなければ原因は分からない、しかし、いすを投げて、下に生徒がいれば大事故につながるような行為をやっているというのもあったと思うんですが、そういうときの彼の心理状況というのはどういう状況になっているんでしょうか。

供述調書の中を読みますと、中学生のとき以外に、小学一年生でお友達を何かぽかんとやって、前歯を四本折ったというような内容も書いてございまして、非常に辛抱して我慢して、相手との関係の中では、アグレッションというんですか、攻撃的なというよりは少し防衛して引く姿勢の強い方だったと思います。だから、周りから見れば、いじめやすい相手だったと思うんですね。ところが、周りのいじめの圧というものが、ある領域、本人が耐えることがもうこれ以上はかなわないという領域に立ち入ったときの、そのときの心理状態ですね。もう極限的なフラストレーションになりましたときに、逃げるというんじゃなくて、逆に爆発して、客観的にはやや攻撃的な形で自分の自己主張、体で自己主張するという行動といいましょうか、少し特異な現象というのは、アスペルガー症候群系の人たちのパニック的心理特徴というふうに私たちは把握しております。

弁護人

中学時代にいすを窓に投げ付けたということがあったんですが、一般的で結構ですが、そのときの彼の心理的な状況とすれば、投げればどうなるということは考えていない行動なんですか。

これはですね、要は、あるエネルギーが鬱屈した状態で、ちょうど湯沸かしで言えば、一〇〇度で沸点になりますね。そしたら、量が質へ変わるように、その瞬間につきましては、前後に関してというよりは、正に鬱屈したエネルギーに火がついて爆発すると。で、やっちゃってから、ああ、どうしてという形になりやすいお子さんないしは大人の人に多い、というのがアスペルガー症候群の傾向だと思います。

弁護人

そしたら、いすを投げた後、被告人の心理状況はどうなるんでしょうか。

そのエネルギーがそれで一遍に吐き出しますから、言わば出てしまいますので、その瞬間はともかく、しばらくしましたら状況が見えてくる。だから、これは少し語弊がありますけども、ある種のてんかん発作のように、その瞬間はなぜそうしたか分からないような行動といいましょうか、言動というよりはこれはパニック発作ですね、を起こすというのが、今回供述調書を読ましていただいた、私なりに理解をしたアスペルガー的パーソナリティかなというふうに判断しました。

弁護人

それから、私も、被告人と最初に面会したときに、少し違うということは感じるんですが、まず顔の表情が全くないと、いつも同じ表情であると、これは何かアスペルガーの特徴を表しているんですか。

私も一度しかお会いしていませんので、一時間半ほどでしたけども、御本人なりの一つのパーソナリティの基盤に、対人関係というものが、普通の人たちがごく当たり前に感じている対人関係の、言わば身振りとか、そぶりとか、振る舞いとかいったような、ごく常識的な範囲で考えられるというのとちょっと違った印象を受ける、言わば距離感があるといいましょうか、一見、素直でおとなしくて誠実なんですけども、いざ深く入ろうとしますとなかなか交流がしにくいという、あるアスペルガー症候群特有な受け止め方をしていらっしゃるキャパシティーをお持ちだろうというふうに判断しました。

弁護人
事件の後も、お母さんに水を飲ましたり、出血を止めるためにタオルでおなかを抑えたりしてるんですが、感情の表れといいますか、喜びとか悲しみとか怒りというのは、心の中にあっても表情に出ないという考え方なんですか。もともと心の中に生じてるんでしょうか。

感情の受け止め方はいろいろあると思うんですけども、日常生活のお付き合いで、よく似た方が、類型といいましょうか、臨床経験からしますと、ある刺激に対して反応するときの反応の仕方が少し違う、と。理屈になりますけども、普通の人は右の脳の回路で了解することが、一般的には左の回路で了解しますから、状況をよくつかまえるんですけども、感情の流れとか、感情の表し方が　ちょっと違うので、冷たいような、あるいは無表情のような、どうして感情があそこで中断しているのかなと思って、違和感、危機感を感じて了解がしにくいという、多くの方に接してきております。

弁護人
では、感情は持っているというふうに考えていいんですか。

感情の受け止め方が、右で来るのか、一般的に臨床心理学で言う左の回路で来るのか、それでもって出てくる内容が、私たちが常識的に判断する感情の幅から考えましたら非常に狭いもので、御本人特有の感情であろうかと思います。

弁護人

本件に入る前にもう一つ聞いておきたいんですが、中学校時代にいすを投げたりするときに、それは、その投げる寸前に不快感を感じているわけじゃなくて、その以前に感じているわけですよね。お父さんが一人で九州に行ったということの。

はい。

弁護人

それが、そのとき出ずに、なぜ時間的に遅れて出てくるんでしょうか。

それはですね、受け止め方の質が、我々のようにインプットされた刺激に対して反応するという回路よりも、感情の次元において比較的クールな受け止め方の、我々は言語的と言ってるんですが、そういう受け止め方をしますから、一つや二つじゃなくて、過去に様々なものが累積されていて、そのときにじゃなくて、今申し上げましたように、鬱屈の量があるレベルに達しているときに、もともとそういう素地があってそこに火がつくような事件があると、一気に発火するというとらえ方をしているわけですね。で、日ごろから感情の出し入れについて、そこそこ新陳代謝でやっているのが普通の人間の生き方なんですが、そういう意味で申し上げた、感情の出し入れが不器用というんでしょうか、そうすると、日ごろ日常生活の中でやや適応障害系の中で生きていらっしゃると、周りで分かりませんけども、知らず知らずエネルギーをためてしまってて、だから、きっかけが何かありましたら、量が達してる場合はいつでも火がつくというふうに考えているわけですけども。（パニック）

弁護人
本件の事件の直前に、お母さんがおふろに入っておられて、洗面器でたたく音がしたと。で、そういうのに本人が不快感を感じて、いすをふろ場のドアに投げているんですが、それは、今お話しした流れの中で、積み重なってきたものがそのときに爆発したということですか。

そうですね。今、中学校の話が出ましたり、私のほうで小学校の話をしましたけども、節目節目にある事が起きているとしますと、その起きている出来事は、その出来事のメカニズムというのは全く同じパターンじゃないかと判断してます。ですから、今回いすを投げたとか、お母さんが犬の声を嫌がって、犬の声に対する拒否反応を大きな音をたてるというようなことでもってなさったわけですけども、そのことだけで彼の感情が昂って事が起きたというふうには思えなくて、やはり、いろいろ職業上の問題もあったり、生活上の問題とか、あるいはお母さんとの様々な特有な関係ですね、そういう複雑なものの中で、基本的には適応できてないから、普通大変ですよね。当たり前ですけども、適応の領域を解決へ向かわない状態で、成就しない期間が長ければ長いほど不愉快感が生まれますよね。

（音に対する特異なアスペルガー的刺激反応のリアクションも起因）

弁護人

それに対して、母親だって余りいい話になりませんでしょう。そうしましたら、長年の鬱屈した母親との、言わばエネルギーがたまっているとしますね。で、たまり過ぎたときに、たまたまお母さんのそういう場面があると、当然それは火がつく形になるわけですね。

だから、もしも何かいい話が二、三日前にあって、就職が決まったとか、御本人にとったら前向きになるような姿勢であったとしますと、当然その部分でもうエネルギーが多少解消されてますから、その二、三日後に、お母さんが床をたたいたりして、犬に対して非常に嫌う反応をされたとしても、私は事は起きてなかったんじゃないかというふうに思います。

弁護人

お母さんがふろに入ってられて、おふろ場のドア目掛けていすを投げてガラスを割ったと。そういう行動で、本人の圧というんですか、それはかなり解消されていると思うんですが、その後でお母さんがおふろから出てきて、いすに座って被告人と話をする。

弁償しいやとか、払えるんかという会話がある。その後で、包丁を被告人がつかんでいるんですが、その包丁をつかむのと、いすを投げるというのとは何か違うんですか。

いや、私は、それは本質的に同質じゃないかと思っているんです。だから、もしいすを投げたことによって、お母さんが、ああ、ちょっと音を立て過ぎたなと、ああ、あの子もつらい思い、嫌な思いをしたんだなと言って、そのますっと寝床に入っていらっしゃったら、私は事は起きなかったと思うんですね。ところが、今度は、いすを投げられたりして、お母さんのほうが頭に来ちゃって、お母さんなりの鬱憤感情が御子息にぶつかったと。

そこで、言ってみれば蒸し返しをしているわけですね。これまで分かりませんけれども、いい状況はセッティングされてませんので、就職もうまくいきませんね。強いて言えば、今日はお父さんも（傍聴席）いらっしゃって言いにくいんですけども、ほめられるというんでしょうか、そういう人間関係が余りなかったと思うんですね。常に心配し、注意し、先を考えて、お母さんは説諭といいましょうか、子供さんに対しては過干渉風だったんじゃなかろうかという推測なんです。そうしますと、当然、母親ですから、いすを投げたことに対しては母親として対応しなけりゃなりませんね。しかし、もう一歩お母さんが引いて、彼がそれほどまで怒って、いすを投げるほどのことを私が音を立ててたんだなという反省があれば、しばらくは、ああ、悪かったねで終わりますね。まあ、故人になっていらっしゃいますから、言いにくいんですけども、もしもお母さんが、自分が音を立てたことによってあの子に腹を立てさせたんだなという、ある意味での反省があって、しばらくそのことに触れないで、そっとして、悪かったなと二階に上がっていらっしゃったら、事は絶対に起きなかったというふうに判断してます。

弁護人

そのお母さんが台所でいすに座ってられるというときに、小学校時代のように突き飛ばしたり、それから中学校のようにものをお母さんに向かって投げ付けるとかいう行動じゃなくて、包丁をつかむというのは、何かものを投げたりするのと、もう決定的に何か心理の動きは違うんでしょうか。

ええ、それはもう、学校というのは、少々勉強できていなくても学校に行けばいいわけですね。ところが、就職というのはそういうわけじゃありませんね。いろいろとハローワークに行ったりして一生懸命頑張っていらっしゃいますけども、結果的には成果が出ないわけですね。今申し上げたように、落第点はともかく、学校というのは、ごく普通の日常生活的な義務なんですけども、ハローワークに行くけども仕事がないというのは、学校に行っている状況よりもうまくいけてないお子さんにとっては、お母さんの一言二言はかなり圧として感じることになるんじゃなかろうかと。そうすると、学校に行っているときに小言を言われるよりも、職探しでうまくいかないで、言うなれば不適応状態になっていることに対して、親の期待が大きければ大きいほど、親の圧を感じるお子さんの気持ちもこれも相当なものじゃなかろうかと。つまり、感情の昂ぶりのエネルギーが、小中高に比べましたら、ハローワークに行って職を探さなければならないとき不適応状態から来る母親の圧のほうを強く感じてたとしても、うそではないと思います。

弁護人

その包丁を取って、逃げようとするお母さんをつかんで、簡単に言えば両手で包丁でおなかを刺したということになってしまうんですが、このときの被告人の心理状況といいましたら、やはり殺してしまおうということになってしまうんでしょうか。

私はお父さんにも弁護士さんにも立ち会っていただいてお会いしましたときに、ちょっと所見に書きましたけども、お父さんが、目の前に刺身包丁があったんだけど、それには手を付けなかったと、離れたところの包丁を取ったんだと、おまけに私には左手で持ったとおっしゃっておられましたが、三回目の公判でも右でなくて左だったと出ておりますけどもね。だから、私のほうは全く個人的な見解ですけども、最初から殺すとか、最初からやっちゃおっとかいうようなことよりも、状況の中で刻々変化していって、お母さんの反応が自分の思いどおりにならないことから来る、言わば、感情の昂ぶりが結果的に殺すことになったんであって、利き手でない左手で包丁を持ったときに、脅すとかいうことはあったとしても、殺す意思はなかったのじゃないかと。これ御本人しか分からん話ですけども、多分御本人もそこのところが分かっていらっしゃらない。ですから、そのときの母親との、我々では理解できない、特有な母と息子さんの、ある言うに言えない感情の昂ぶりが、結果的にその瞬間において殺意になったんじゃないかと。だから、包丁を持った瞬間だけ殺意というふうには取れなくて、これは飽くまでも強い母親に対する抵抗のために左手で持ったと、しかも、持ったのはそばの刺身包丁ではない、別の包丁であったという余裕からしますと、供述調書を読みましたら、最初から殺意の意思があるというようなことが再三書かれてますけども、私が読ませていただいた限りは、これはもう、ある時間に限られた範囲で調書を作らなきゃなりませんし、起訴もされる段階の中で、やむを得ず、そういう流れの中で、言わば彼の本心とは違う、司法警察や検察当局の立場の御意向が相当出てて、それに彼は逆らわないまま、はいはいというふうに答えていた結果、ああいう供述調書になったんじゃないかというふうに判断したんですが。

弁護人
最終的に両手で包丁でおなかを刺してますので、刺身包丁ではなくて普通の包丁で刺してるということなんですが、このときは、包丁で刺せば死に至るということは当然予測できますし、当然殺す意図があったということになるのではないかと思うんですが。

そこのところはですね、仮の話ですね、刺身包丁でなくて別のを取って、左手で持って面と向かった時に、読ませていただきましたら、持って引っ張ったとあるんですけども、私は、もうその前にお母さんのほうが、ごめんねとか、故人ですから、何度も言いますようにちょっと申し上げにくいんですけども、息子の感情がこれほどまでに昂って、何か自分に訴える気持ちが強いんだなというような察し方をお母さんがもししていらっしゃって、お母さんのほうがお子さんに対するもう少し敏感な受け止め方で、いわば後退といいますか。一歩も二歩も引き下がって、ごめんねということであれば、こうまではならなかったのではなかろうかというレベルの心理的な次元だったのではないかと判断してます。それ故にですが、犯行以前から今日は殺してやろうというようなことで判断ができる状況ではないんじゃないでしょうかともうしあげたいんですけれど。

弁護人

それから、おなかを刺してしまった後、救急車を呼んだりする、父親に言われて被告人が電話をかけてると。普通でしたら、そんな事するような状況にはないと。普通の人間でしたら大変パニックになってると思うんですが、あと、水を飲ましたり、タオルで止血行為をしていると。これは、もう圧がなくなって、普通に戻ってるということなんですか。

いや、結果的にそういうことになるんですけども、私も家庭内暴力風のケースというのは何十例と付き合っていますが、ものすごく昂って親にひどいことをしてても、けがをしてしまって血が出ると、血を見た瞬間一生懸命手当てをするというお子さんが多いんです。それは私なりの見方では、キャラクターの中に感情の受け止め方がちょっと違ってて、動転してどうこうというよりは、いわば、我々が常識的な意味で感情の昂ぶりの延長線で推察することよりも、もう少しどう言うんでしょうか、事の筋道の中で目の前の状況に対して対処できる感情は少し引いてしまいましてね、事柄の中だけで動いてしまうような回路を持ってるところが、こういうお子さんの特有な、アスペルガー系の症候群の人の、言ってみれば、一つの心の仕組みというふうな理解をしてますけれども。

弁護人

そうすると、自分がお母さんを刺して大変なことになってるという感情はなくなって、お母さんが水を飲みたいと言ってるから水を与えた。で、血が出てるから、お父さんにタオルで押さえとけと言われたら、それを押さえてるというだけのことなんですか。

まあ、「だけ」と言われたらちょっと語弊がありますけども多少そういうふうに御理解されたとしても、さほど間違いではないと思います。

弁護人
それから、もう一つ複雑なのは、お父さんとお母さんと被告人と川の字で寝ておられて、被告人が真ん中で寝ていると。そのときに、被告人は言いにくかったか分かりませんが、お母さんが下半身を触ってくるということですね。

はい。

弁護人
そういう母親と子供の関係というのは、何かこの事件に影響を与えるものですか。

一つ言えますことは、その母親の思いに対して、年齢から言えば当然ノーと言っていい情操といいますか、情緒的な年齢の発達が推察されますよね。ところが、そこそこの年齢でいらっしゃるのに、結局母親にノーと言えないままずるずるっと来てますね。そうしますと、明らかに大きな問題は、事柄に対しては多少の理解はできたとしても、情緒面といいますか、情操というような面でいきますと、情緒年齢という言い方するんですが、そういうものの発達がアスペルガー系の症候群の方の場合はちょっと偏りまして、少し遅滞するといいますか、遅くなると。普通のごく健康な子供さんたちの年齢相応の、精神年齢プラス情緒的な、年齢は相関的に発達していくのに比べて、いわゆるエモーショナルなエイジというやつはかなり遅れて行くという、そのギャップが大きく、大人になればなるほど出てくるのが、言わば、そういう傾向の人の非行などにつながる、今度の（小六の女児を殺害した塾教師の事件、医師はアスペルガー障害と平成十五年診断していた）同志社大学の学生もその一つだとおもうんですけども、現在の課題ではなかろうかと思ってます。

弁護人　被告人は私も何回も会ってるわけじゃありませんが、なかなか社会性を身に付けるのが大変困難だと思うんですが、何か社会性を身に付ける方法はあるんですか。

これは学習、いわゆる普通の人たちが学習するという学習のスタイルじゃなくて、専門的なことになりますけれども、アスペルガー症候群系の人の認識とか思考回路が我々と違うパターンでありますから、そういう方に学習してもらうプログラムが一杯あるんです。特にアメリカは発達しておりますけれども、日本はごく最近ですから、アメリカでも一九九〇年辺りから分かってきたことですから、これから日本でもこの問題に対処しなければなりませんので、平成十六年の正月に文部科学省は、あえて6・3パーセントの中にそういうお子さんがいますよ、工夫してくださいねということを問題提起しているわけですね。今始まったところですけれども、幸い、そういう意味での先進国でやっている内容が日本でもどんどん紹介されてますから、身内の方とか、そういう施設の中で、今申し上げたような方であることを前提の学習プログラムがもう既に始まってます。

弁護人

被告人本人自身がいじめに遭ってきて、原因がわからないまま今日に至っているか分かりませんが、自分はこういうふうにみんなと違うんだということは自覚できるものなんでしょうか。

小学校以前を含めてですね、今日まで生きておいでですと、カウンセリングを通じてですが、つらい思いをした、言わばイベントが一杯ありますよね。あのときに自分はいじめられるということは考えられないのに、なんであの人たちは自分に対して無視をしたり、自分にそっぽ向くようなこと以上のことをされたのかということは、過去の自分の経験で思い出せば出てくることですね。それを材料にしながら、なぜなのかということで、カウンセリング的なかかわり合いで話し合う限りは、思考回路はしっかりしてますから、認識という観点からすると、特に認知療法という立場からしますと、彼がそのことについて認識していける資質は十分あろうかと思います。

検察官

まず事実関係の確認なんですけれども、刺身包丁が当時台所にあったと、こういうことなんですね。

ええ

検察官

それは先生はどなたから聞かれたということですか。

お父さんから聞きました。その話は、弁護士さんも立ち会っていらっしゃいましたんですが、で、再度申し上げますけども、お聞きしました限りでは、心理所見に書きましたように、目の前に刺身包丁があったと、しかし、それは取らなかったんだと、もう少し離れたところの、そうでない包丁を取ったんだというふうに、私はお父さんから伺いました。

検察官

目の前というのは、具体的にどこのことを言っているのか分かりますか。

おうちが非常に狭いとお聞きしてまして、家の見取り図もございましたんですけども、文字どおり、正に目の前ではなかろうかというふうに僕は推測したんですが、それほど遠いところへ行って取らなければならないようなおうちのスペースではないように判断しましたので、何となく了解したんですけども。

検察官

先生が、先ほど、包丁を持ったときには殺すつもりはなかったのだろうと推測されるとおっしゃいましたよね。

はい。

検察官
その根拠の一つは、あえて目の前の刺身包丁を取らず、別の包丁を本件の凶器に使っていると、これが根拠の一つになるわけですか。

そうですね。それが正しいとしましたら。

検察官
正しいと仮定すればね。

はい。

検察官
だけど、それは、要するに、あえて鋭利な刃物を取らないように被告人が選択したということを意味するわけですね。

ああ、そうですね。それで、供述調書にはとっさというような言葉が出てましたね。とっさであれば、目の前のを取るのがとっさですよね。ところが、もしもお父さんのお話が正しいとしましたら、とっさというよりはもう少し余裕がありますよね、選んでますので。というふうに思ったんですけれども。

検察官
ただ、現実には、台所には包丁置き場があると、そして被告人はその包丁置き場から包丁を取ったらしいんですよね。

はい。

検察官　そして、被告人のこの間の話によると、何も考えず手前にあった包丁を取ったとこういう話をしてるんですね。

はい。

検察官　そうすると、ふだん包丁を置いてある場所に頭が行って、それで、その包丁置場からぱっと手に取りやすいのを取ったというだけのように思うんですけれども。

なるほど、私がお父さんのお話を私なりに、非常に印象深かったもんですから、それで先ほど申し上げたようなことではないかという確信を持ったもんですから、所見に書かしていただきました。

検察官　私が今言ったような経緯で、被告人がとっさに包丁置場のところに行って、手前にあった包丁をつかんだというだけであれば、包丁を取ったときに殺意があったかどうかという点の根拠は、一つはなくなるわけですよね。

それはどうでしょうか。僕はですね、第三回の公判内容を読ませていただきました。左とか右とかの違いも出てきますよね。そうしますと、正に、ある短い瞬間の中で起きた事件ですよね。何時間も掛ってませんからね。そうしましたら、拘置所の中でいろいろあのときのことを振り返ると、いろいろ頭の中にわいてくることがあると、あのときにあのように言ったけれども、どうなのかなという反すうといいましょうか、記憶をもう一遍繰り返してみていらっしゃると、供述調書の流れとは違う自分があったのではないかなということを拘置所の中でお感じになっていらっしゃった、ちょうどそのころに私はお出会いしたような気がするんですね。

検察官

でも、被告人自身が別に、あえて刺身包丁を取らなかったと先生に説明したわけではないんですね。

そうです。これは飽くまでもお父さんがおっしゃった話ですので、お父さんがおっしゃったということは、お父さんのほうにより客観性がありますよね。

検察官

お父さんの話が本当かどうかというのをここで議論しても仕方がないんですけれども、一つは、先生が、先ほど、包丁を持ったときに殺すつもりはなかったと思われる根拠の一つとしては、被告人があえて刺身包丁を選択しなかったということを挙げられましたが、その根拠はお父さんの話を一応前提にしてますよということになるわけですね。

そうですね。

検察官

そのほかに、包丁を持ったときは被告人が殺すつもりはなかったと思われるという根拠はほかには何かありますか。

まあ、私の推測のレベルにしか過ぎませんけども、これまでお母さんから受けている圧がありますよね。そういう、これまでの圧に対するリアクションといいましょうか、包丁を、かつてそういう場面が一年ほど前ですか、ありましたね。そういうこともあるということを、どこかで自己主張といいましょうか、そこそこ年齢にもなっていらっしゃいますから、そこまで自分のことを子供扱いして、言わば、どこかでそれに対する対等とは言いませんけども、おれが強いんだという言い方はちょっと幼い言い方になるかもしれませんが、包丁を持つことでもって、おれともっと対等にやってくれといいましょうか、いつまでも子供扱いするなという、そういう自己主張が、無意識でしょうけれども、働いたのかなという、そういうような場面が、けっこう殺人事件なんかが起きている過去のケースがあるもんですから、包丁を持つことによって自分の親に対する強さを顕示するというのが瞬間に働いたのかなというふうに、私はちょっといいように取ったんですけども、殺すというよりはですね。

検察官

それは、こういう言い方は失礼かもしれないですけれども、先生の一つの仮説というか、見方ということですね。

ええ、そうですね。ところが、その包丁を持って向かったことによって、逆にお母さんのほうが我が子にそういうことをされることによって憤ることとありますよね。我が子が自分に向けて包丁を今にも刺そうとするということ自体は、親から見たら、ひるむ親もあれば何っと言う親もあるでしょうね。だから、親に、対等とは言わないけど、包丁を一つの武器にして、おれも強いんだということを主張しようとしたけども、悪く言えば、それに対して今度は腹を立てた親が「何っ」というふうに更に心理的に上から乗っかかってきますと、当然やっちゃいますよね。だから、よく、いじめてる人に対して、いじめられてる人が何か凶器を持ってやっつけているケースがけっこう青少年の事件でありますよね。何かそういう場面を私は連想したんですけれども。ナイフを持っていくことによって、おれはこれだけ強いんだと言ったことが裏目になって、相手が強く出たために殺しちゃってるという、何例かそういうケースがあったのがすっと私の中に浮かんだもんですから、彼もそういう心理がそこの場で働いたのかなという、検事さんがおっしゃるようにある種の仮説ですが、申し上げればそういうことだと思います。

検察官

あと、アスペルガー障害とは何かということなんですけれども、いろいろ文献はでているんですけれども、簡単に言うとどういうことになるんでしょうか。

アスペルガー障害は典型的な高機能自閉症ですけれども、今はそれを基点にしまして、ややエピゴーネンというんですか、亜流ということで、これも最近ですけれども、アスペルガー症候群という言い方を

検察官

してます。今二つ使い分けておりまして、アメリカというよりは、英語圏ではアスペルガー障害と言ったほうが医療保険とか、医療の面での手当ができて、アスペルガー症候群と言ってしまいますとその給付が受けられないために、診断上はアスペルガーのシンドロームではなくてディスオーダーというふうに言っているケースが多いんだそうですけども、少し亜流というふうに考えますと、要は、対人関係上の能力が劣ってると、それから、インプットされた刺激が、多くの人たちは右で感情をとらえるのに、どっちか言うたら左のほうの脳の回路で了解するために、分かった内容の質が違う。そのために、同じ刺激、同じ場面であるのに、違った受け止め方をしますと、周りの人間が違和感を持つことによって、おかしいじゃないかと責めることになりますね。そういうことから来る対人関係上の結果的な不適応の、言わば適応障害が、多くの学校の中でも、大人の世界でも、職場の中でも起きてるという現実はあろうかと思うんですけども、原則を言いましたら、回路が違うということと、対人関係能力が劣っているということですね。それから、ほかにあるとしましたら、一つのことにこだわるとか、常同性とか固執性と言いますが、ある瞬間普通の人が考えられないほど爆発をしてしまうとか、少し奇異な行動をとるとかいうのが条件としていろいろございますが、要は、一番の中心は、いじめられてしまう理由は、ほかの人たちと比べたときにやはり奇異と映るような言動が結果的に表れるために、阻害されていっているというのがこういう人たちのつらい状況かと思います。

以上がアスペルガー障害ということになるんですね。

はい。

検察官

それで、アスペルガー障害の人は、情報を右脳で処理せず左脳で処理するというのは、それはもう学説上は定説になっているんですか。

ええ、最近の研究でそういうデータが出ていることは学者によって公にされております。

検察官

それは、もうほぼ異論はないんですか。

ええ、異論はないようです。

検察官

それと、被告人がそもそもアスペルガー障害なんだと、あるいは亜型なんだという根拠というのは……。言える理由は何かですね。

そうですね。私は供述調書を読ませていただいて、幼少からずっと今日に至るまでの生育の経緯が書いてございましたね。そのことと今回の事件を総合的に私なりにインプットしましたときに、なぜこんな行動になるのかということを解析すると、アスペルガー症候群系の人の奇異で異常な行動、それは非行を含めてですね、これは青少年もそうですが、パターンの中に非常に類似している要因が多いということです。

検察官
調書に記載されている被告人の言動がアスペルガー症候群の患者の言動に類似するというのが根拠になるわけですか。

と、供述調書を読みまして、判断しました。その結果、今回の事件が起きるようなことにも必然性があったんだというふうに判断したわけです。

検察官
あと、先ほど質問に対する先生のお答えの中で、いすを投げればどうなるかということは考えてないという話がありましたよね。

はい。

検察官
だけど、いすを持つときは、何をもっているかというのは当然分かっているわけですよね。本人は。

はい。

検察官
で、いすをどこに投げるかというのも、本人は意図して投げているわけですよね。

はい。

検察官　そうすると、お母さんがおふろに入っているところに向けて、いすを投げ付けるという行為をやっているということは分かっているわけですよね。

はい。

検察官　そうすると、どうなるか考えてないというのは、具体的にはどういうことを意味するんですか。

つまり、いすを投げて、壊れたら困りますよね。包丁で殺してしまえば、あと大変なことになりますよね。これは飽くまでも筋道としては、当然彼の頭の中には分かっていることだと思うんですね。身近なことで、ごく最近の話で言えば、同志社大学の学生さんが、殺したらどうなるかということは当然分かっているわけですね、けども、ああいう奇異な事件が起きるわけですね。それと同じように、今先ほど申し上げた、アスペルガー症候群系の人の中にフラストレーションがある量たまったときには、後でそうだということを幾ら理屈で言ったとしても、その瞬間ある行為をしてしまうという、特有な行動パターンが見受けられるところがアスペルガー症候群だという、そういう説があるわけですけども（パニック）、今回に関して言いますと、その瞬間はあったとしても、そのこと自体が、殺してはいけないことだとかいう理屈については十分分かっていらっしゃると思うんですね。ただし、問題は、その瞬間のエネルギーはもう止められないということだと思うんです。

検察官

抑制が、もう抑えきれないということですか。

はい、そういうブレーキといいますか、仕組みが、その瞬間においてはある破綻を来たすといいましょうか。問題は、私は脳に原因があるだろうと思うんですけども、普通なら抑制という拮抗状態が起きるわけですね。しかし、その拮抗状態が破滅するとこのようなことになるというのに、これは言い過ぎかもしれませんが、こういう人たちの脳の中に、何か分かりませんけども、問題があるんではなかろうかというのが一般的な学者の説になっております。

裁判官

先ほどから、母親からの圧が積み重なったとおっしゃってましたけど、圧というのは圧力ということなんですね。

ええ、心理的圧というんでしょうか。

裁判官

心理的な意味で、圧という言葉を使われたんですか。

はい。

裁判官

それはストレスみたいなものなんですか。

そうですね。お子さんにとってみればストレスでしょうね。まあ、ストレッサーという言い方をしたほうがいいかもしれませんね。

裁判官

それと、さっき検察官への答えですが、アスペルガー障害系の人が特異な行動に出るには、脳に障害があることも考えられるわけですか。

もしもそうであればですね。

裁判官

まだそれは、脳に障害があるという定説があるわけではないんですね。

いや、定説はあります。先ほど申し上げました、文部科学省が言ってます6・3パーセントの中には、皆さん御存知のように学習障害とか注意欠陥とか注意欠陥多動とか、例えば、大阪教育大付属小学校児童殺害の宅間守なんかがそうですね、そういう人たちは、類型ではいろんなものがありますが、あるいは、今申し上げたアスペルガー障害など全部引っくるめて6・3でございますけども、基本的には脳に何らかの欠陥があるというのが、現在の言わば定説といいましょうか、微細損傷説もその一つですけども、大体ほぼそういう考え方にのっとってると思います。ですから、例えば、注意欠陥多動でしたら、アメリカ辺りでは二十年以前から、言わば、覚せい剤風の「薬名リタリン」なんかどんどん使っておりますね。ようやく日本も「リタリン」を医師が処方するようになりました。(現在は「メチルフェニデート徐放錠〈商品名、コンサータ〉」が処方されている。）

裁判官
まあ何らかの障害があるということですね。

はい。

裁判官（S）
脳に障害があるというのは、それは何か測定は可能なんですか。

これもなかなか、例えばMRIで調べたり、CTとか、スペクト（SPECT）とか、ペット（PET）とかで見たり、脳波を調べて出てくるかと言うと、明確に出るとは限らないわけですが、最近はしかるべき部位の血流が悪いということなど分かってきています。ですがどう見ても、普通の正常の脳であればこのような奇妙なことが起こり得ないのに、やっぱり奇妙なことが起こるわけですね。（福島章博士、殺人症候群説）

パリのセーヌ川に、オランダの若い女性を殺害し、バラバラにして捨てたという佐川一政でもそうですね。そうしましたら、やっぱり一つの見方として、脳に何らかの理由があるのではなかろうかと、最近では御存じのように、ダウン症候群のように性染色体の異常なんかも分かってますけども、そういう身体的な理由の方に重きを置くような考え方が今は大きな流れになっておりまして、だからこそ、6・3パーセントの問題の子に対する理解の仕方をそういう観点で見てほしいという考えを文部科学省も出したと思うんです。例えば「リタリン」を飲めば五時間は静かにしてます。普通でしたら少し落ち着きがなくても、時とともに成長して変わってまいりますでしょう。ところが、残念ながら、やはりずっと背負っていくわけです。で多動も背負っていくわけですね。しかしお薬を飲めばかなり安定します。アスペルガーの方も不適応になりやすいですから、二次障害が出ますので少し是正しようと思えば、ほかの人よりは安定剤飲んでるほうが楽ですね。しかし、大半の人はそんな必要ないわけですね。そういうことからすると、何らかの欠損、私は脳の機能の欠損だと思うんですけども、それを前提で研究がなされているのが現状じゃないかと私は判断しておりますけれども。

裁判官（S）

それから、先ほど、攻撃的なものが出てきたときに、止めるのが難しいとおっしゃったんですけれども、そういうのを自分の意思で抑制する方法というのは、どういうことが考えられるんですか。

度合いによると思うんです。例えば、ノーベル賞受賞の人でもアスペルガー症候群の人がけっこう多いといわれています。小さい大学ですが私も十五年間、いわゆる学者といいますかユニークな研究者の方と一緒でしたが、なかに研究業績は高いんですけども、明らかにあの人はアスペルガーだなというのを、スタッフの中で見てましたですね。研究者とか、学者とか、エンジニアの方に多いんですけれども、歴史的に有名な野口英世もそうです。いわゆる世間で言えば、偉大といわれるほどの業績のある立派な方が、プライベートの生活で破綻している人が多いですよね。そういう人なんかは、後から調べてみれば、やっぱりアスペルガー系だなというようなことを私は理解しております。モーツァルトや哲学者だとカントやヴィトゲンシュタインとか。ですから例えば、ＪＲの駅名を、北海道の一番北の端から九州・鹿児島の指宿まで覚えている子がいます。あるいは小学生ですのに見事な昆虫博士なんかいますよね。その子たちの知識・博識を一方的に喜々として喋るわけですね。でも、そんなもの覚えてだれかに言ったって、まわりは面白くないわけです。それを無駄だからやめろと抑えつけると、そのお子さんの心は歪んでいくわけですね。実際、世界的に有名な博士と言われている人の中には、特有な知能のスタイルがあって、そのことで日常生活はどこか破綻を来しているんですけれども、しかし、才能があるがゆえに、才能を尊重してその人をだれかがカバーすれば生きていけるところに、ノーベル賞の人たちの存在があり得るわけですね。しかし、それは能力のある人の話でありまして、それだけ能力がなければ、アスペルガー故に破滅している人の数も一方でいることは否定できません。

弁護人

いいでしょうか。例えばですね、彼とお母さんの間で、そんな嫌なこともあったか分からないけれども、楽しいこともあったわけですよね。長い生活の中で、彼は家庭が一番居心地のいいところだ、外に行くよりも家庭の中が一番いいんだという感覚ですよね。その中でお母さんに対する心理的な圧がずっと高まってくるときに、お母さんとの思い出なんか一切よみがえってこないんですか。大事なお母さんをここでこんなことしてはいけないとかですね。

今の弁護士さんがおっしゃった話はですね、外と比べたら家庭は憩いの場であって、いい場所であったというんですね。それが前提になりますね。私はね、そう思ってないんです。つまり、外に出て対人関係がずっとうまくいきませんですよね。そうすると、いろんな意味で不満ですね。就職もうまくいきませんね。帰る場所は家しかないわけですね。で、家に帰ると、お父さんお母さんがいらっしゃるわけですけども、彼にとってはそこしか自分の場所がない。自分の場所はないんだけども、じゃあ、そこが十分かと言うと必ずしもそうじゃなくて、正直いって、三回目の公判の、母の存在をうざいといった言葉とか、いうような文章がありましたのを読みますと、外よりも家のほうがましだけども、じゃあ、家が憩いの場所であったかと言うと必ずしもそうじゃない。で、夜、川の字で寝ていたことも含めまして、やはり彼はずっと欲求不満の中で、我慢して、我が家にいたのではなかろうかという判断が私の中にあるんです。そうしましたら、家にいても実は欲求不満で一杯あったということだけども、外よりはましという比較ですね、という理解をしておりますけども。

弁護人
それから、お母さんから精神的な圧を受けてるということは、本人は自覚しているわけですよね。
書いてありましたね、供述調書の中に。

弁護人
圧をずっと受けていると、自分がどこまで耐えればその限界を超えるのかというのは、本人にはある程度分かるんじゃないでしょうか。

故人になっていらっしゃるので分かりませんが、これは飽くまでも母親と御子息との関係ですよね。で、お母さんからの証言がないので、死人に口なしですから何とも言えませんが、僕は、文章の中に書かなかったんですけども、彼は余り語っていませんけども、お母さんの持っていらっしゃるパーソナリティに少々以上の無理がある、これは御主人からも伺ってませんから何とも言えませんけど、つまり、お父さん本人も、強烈なお母さんのキャラクターで、我慢の中で生活をしていらっしゃったのじゃないかということがいつも念頭にありながら心理所見書いたんですけども。

弁護人
要するに、通常の人でも、ストレスがたまったり不愉快感が限界を超えるのを感じましたら、別な行動をとって、緩和しようと思うと思うんですよ。

そうですね。

弁護人
そういうふうな圧が高まってきたときに、被告人はそれを何ら避ける方法というか、そういう回避行動は取れないでしょうか。

ちょっとあの所見の中に書きましたけども、もともと、今先生がおっしゃったように、回避性のキャラクターを持ってるわけですね。回避性キャラクターというのは、自分のいろんな欲求の不満とか、うまくいかない、成就できないことに対して、外で解決はできないわけですね。だから、引っ込むわけですね。家の中に引っ込んでいるのが、外と家との関係ですけども、更に母親との間で何かあったとしても、それも回避ですから、親に抵抗しないでおやの言われるままにじっとしているのも回避ですね。そういうキャラクターがある、しかし同時に、拒否されるのが嫌ですから、どこかで少々無理してでも相手に合わすという、やや自己愛的なものがあると書きましたけども、その今申し上げた二極性が彼の中の生活の破綻のきっかけになったんじゃないかと。それは結果的に、彼自身の年齢相応に必要な自己主張が親に向かってなされてないために、特に母親は彼の人格に対する受け止め方がバランスが崩れてたと、それは、彼にとって欲求不満ですよね。それをじゃあ、私はこうだよというふうに主張できるかと言うと、それもできないという、言わば、悲劇だったんじゃないか。

それだけに、結局のところ、ずっと圧があったわけですから、やっちゃって、何となく自分の母がいなくなりますね。それなら、ほっとしたというのが本心ではなかったかというふうに思います。で、殺したらどうなるかとか、殺すことが悪いとかというのはちょっと後回しです。そうじゃなくて、「うざい」ですから、いなくなってほしかったというのは、後ろに彼がいますから（被告席に着席）、ちょっと断言できませんけれども、こんなことは本人しか分からないでしょうけれども、お母さんはいてほしくなかったということが、やってみて、はっきり明確になったんじゃないかなというふうに、公判の内容を読んでそう確信したんですけども。

弁護人
その辺が、ちょっと私の理解を超えてしまっているんですが、外部からの圧が掛かれば、外の人間ですね、職場なり学校の同級生なり、家に逃げ込めば圧から逃れられると。で、家の中でのお母さんからの圧については、もう逃げ場がないんですか。
そうですね、彼が一人二階に寝るというようなことが文章にかいてありましたね、三人じゃなくて時々二階で。そのときが一番彼としたら解放されたときじゃなかったかと思います。
弁護人
それも、お母さんの圧から逃れるんだったら、自分だけ寝たらいいのに、三人で寝てられますよね。で、だれもいなくなったときに二階に上がって、という文章がありましたね。だから今先生がおっしゃった、本来なら一人で上がればいいわけですね。そこが、年齢がそこそこあるにもかかわらず、やはり小学校の時代からの話ですから、お母さんとの密着した関係ですね、これはもう一つの条件反射みたいなものですから、お母さんの優位性には逆らえないまま来たんじゃないかというふうに思いますけども。
裁判長
そもそもアスペルガー障害とかアスペルガー症候群というものは、どういう問題があって、そういう子供たちというか、障害が言われだしてきたんですか。

これは結果論ですけども、例えば学校生活の中で皆の流れにちょっと逆らう、その子だけがですね、そうでない動き方をする、ちょっと変わった子がいるとしますね。まわりが注意します。ところが、なかなか乗ってこないで自分の関心事だけにこだわったりします。しかし勉強ですとそこそこできるわけです。例えば、そういうお子さんがいたとしますね。しかしこの辺りでしたら、府立Mという名門高校へ行ける力があるのに、ちょっと変なことをしてかなりのことでしかられたとしても、普通の人がしかられて、しゅんとするようなことがないとしますね。そうしたら、あれ、変だなというので、心理診断などを受けますと、やっぱりアスペルガー症候群だったというようなことが多いんです。

裁判長

先ほど6・3パーセントというようなことを言われた、あれは全人口の6・3パーセントということですか。

6・3パーセントといいますのは、百人中学習障害とか注意欠陥とか注意欠陥多動とか発達障害とかございますね、そしてアスペルガーも入れてですが、全部入れて6・3としまして、アスペルガーは大体その中で0・8から1パーセントと言われてるんです。

裁判長

全体の子供たちの中でですか。

はい、そうです。同学年の子ですね。アットランダムに子供達がいました場合。

裁判長　そういう障害を持っていない人でも興奮して激高したような場合、異常行動に出ますね。

そうですね。

裁判長　それとアスペルガーと、どこが違うのか。

一般的に悪いことをした場合は、多くは「申し訳ありません、すみません」とまわりは謝ります。しかしアスペルガー系の若者の犯罪の後では、こっちに何かが伝わってくるような反省の仕方と違って、あれっと思うような受け止め方をせざるを得ないリアクションがあるので、今申し上げた専門家のところに精神鑑定や心理診断を委託するわけですね。寝屋川市の教職員殺傷事件の十七才の青年がそうで、アスペルガー系の診断がでました。例えば、北海道石狩の事件から豊川を含めまして佐世保、長崎まで、我々から見たら、いかにも奇妙と思われてる、奇異だと思われてる青少年の殺害事件に関しましては、大体90パーセント、鑑定の結果、発達障害系といわれるアスペルガー障害の診断がでています。これは審判で決定された内容ですけれども、その典型は長崎の家庭裁判所の決定でした。今申し上げたように、同じような悪いことをしたとしても、そのプロセスなり後の対応が全然違うので、あえて診断を求めようということで鑑定に入りますんでしょうね。そういう点では、普通の青少年、あるいは普通の人の殺人と根本が違いますから、きっと同志社大生も私は精神鑑定を受けてから審理が進むと思っています。
裁判長
この被告人の場合にも、そういうやったことに対する反省がちょっと人と違うというような面がある、ということですか。
そうですね。回路が違うので、受け止め方が違う。私たちが求めている反省の、私たちがこの子、反省しているなと、よく分かって反省してるんだなといって了解できる、ある共感性を持った表現がございますね、振る舞いといいますか、態度といいましょうか言動、それとちょっと違うというところから、あえて今申し上げたように、心理鑑定を求めていくんでしょうね。
裁判長
キレる子供と、よく言いますよね。
はい。
裁判長
あれもそういうことだ、ということですか。
そこがちょっとまた違うんですね。アスペルガー系の方は、キレるというのと違うんです。
裁判長
ただ、被告人の中学校、小学校時代の様子を見てると、限界に達してキレるというようなことと同じようなこともみえるんですけども。

見た現象はキレるという言葉で表現できるんですけども、いわゆる多くの人たちがキレると言って、かっとして何かしたという、そういうシンプルなものではないことが多いんですね。そこがなかなかいわく言い難しのとこがありまして。

（以上　○○　○○）

平成17年ｘｘ月ｘｘ日
大阪地方裁判所堺支部
裁判所速記官　○　○○
裁判所速記官　○○　○

〈証言の所感〉

接見の際のＦ青年の言によれば、浴室に入っていた母親が息子に向け、異常ともいえる騒音を立て、アスペルガー人間特有の、音に対しての異常なほどの過敏な反応（注：少女の弾くピアノの音がうるさくて、少女含め家族３人を殺害したという30年前の「ピアノ殺人」が好例）をしたことでトラブルがエスカレートした。母親の腹部、みぞおちに包丁を突き刺し死に至らしめた結果が、「殺人者」として裁かれる破目になったわけだが、その行為の前後はいたって意識清明で、何のためらいもなくて刺した後、出血の傷を押え手当てをして、更に通報も本人がしているのである。拘置所内の接見で「刺身包丁が目に入ったが、とっさに鈍角包丁を選んでいて、僕からは刺していない」と私に語ってくれたのである。

私の証言の中で、M検察官がその点を私に確認しているのは何故か。警察、検察双方の供述調書では、自ら殺ったと殺意を認めた発言をしているからである。どちらが事実なのか、「神のみぞ知る」であるのだが、それにしてもその場のF青年の意識は、須磨のA少年風に「平常心」そのものであったことは、父親および捜査担当官たちの感触でも判然としているのである。

このことは、いわゆる「アスペルガースペクトラム」系人間の共通心理だと私たちに教えてくれているといえよう。平たく言ってしまうと、アスペルガースペクトラム系人間は概して、

・外食を嫌う
・挨拶が不自然
・感触のリアクションが強く、傍にいる人のことを眼中に入れることなく、受動的な対応をする（拒否の態度）
・音に対しての異常な反応をするのに、突然大声で人に話しかけたりする
・まわりが静かな時の突発的な音響にとてつもなく驚く
・表情が硬く、頬にゆるみがない

・周囲の状況に無関心で、自分の興味だけに固執する
・相手の表情の裏に潜む心理的意味が掴めずに言ったり動いたりするので、まわりから異端児扱いされてしまう
・一つのこと、固定的なことで執着しすぎ、まわりの人との感情の調整が遅れ、最後は嫌われる。トラブルの主因となる
・非言語的知能より言語的知能の優位
・左半球の脳の働きがきわめて優位

そして判決は、次のような内容となった。裁判官は被告人のアスペルガー的様態を限りなく念頭においての判決を下したといえるのである。

平成18年○月○日宣告　裁判所書記官
平成17年（x）第xxx号

判　　決

本　籍　大阪府
住　居　同

職業無職

・〇〇〇

昭和xx年x月xx日生

上記の者に対する殺人被告事件について、当裁判所は、検察官〇〇〇〇、弁護人〇〇〇（国選）各出席の上審理し、次のとおり判決する。

主　　文

被告人を懲役8年に処する。

未決拘留日数中140日をその刑に算入する。

理　　由

（犯行に到る経緯）

被告人は、高校卒業後、約3か月間塗装関係の会社で働いた以外は、アルバイトをする傍ら就職活動を行っていたが、内向的な性格で他人と接することが苦手であったことなどから、何度面接を受けても不採用となり、なかなか定職に就くことができなかった。そのため、父や母から早く就職するように催促されるようになり、平成16年秋ごろには、母から早く就職先を見つけるようにきつく注意されて、母と口論となり、激高して包丁を持ち出したこともあった。その後も被告人は、定職に就いていないことを母から叱責され続け、母に対するうっ憤を募らせていたが、平成17年ｘ月ごろからは、母が自分の仕事のことで愚痴をこぼしたり、隣家の犬がたてる物音に腹を立て、自宅の床を鉄アレイでたたいたりするようになったことから、そのような母の姿を見て嫌悪感を抱くようにもなっていた。そして、同年ｘ月ｘ日から同月ｘｘ日までの間に続けて、母から特に強い口調で注意を受けたため、同月ｘｘ日には、母の注意を罵倒と受け止めるようになり、今度罵倒されたら母を殺してやろうとまで思うようになった。

同月ｘｘ日夕方ごろ、母が入浴中に、隣家の犬のたてる物音がうるさいとして風呂場の壁をたたいていたことから、被告人が、立腹して風呂場のドアに椅子を投げつけてそのガラスを割ったところ、風呂場から台所に出てきた母から、「このガラス、なんぼすると思ってんねん。自分でガラス代払え。ブラブラしててガラス代払えるんか。払えへんやろ。」としかりつけられたため、ついに母に対するうっ憤が我慢の限界を超え、母を殺すしかないと決意するに至った。

(犯罪事実)

被告人は、平成17年ｘ月ｘｘ日午後ｘ時ｘｘ分ごろ、大阪府○○○○所在の自宅台所において、同所にあった包丁を手に取り、居間へ戻ろうとするはは（当時48才）の腕をつかんでその体を自分の方に向けさせたうえ、殺意をもって、同女に対し、両手で握った包丁（刃体の長さ約18・9センチメートル。大阪地方検察庁堺支部平成17年領第ｘｘｘ号の1）でその腹部を1回突き刺し、よって、翌ｘｘ日午前ｘ時ｘｘ分ごろ、同府○○○○所在の大阪府立○○○○○救命救急センターにおいて、同人を腹部正中刺創による腹大動脈切破に基づく腹腔内出血により死亡させて殺害した。

（証拠）

括弧内の甲乙および数字は、証拠など関係カードにおける検察官請求証拠の番号を示す。

判示全事実について

被告人の

公判供述

検察官調書（乙13）

警察官調書（乙2、7ないし11）

○○○○の

検察官調書（甲19）

警察官調書（甲16ないし18）

検証調書（甲12）

捜査報告書（甲11）及び同謄本（甲10）

包丁一丁（大阪地方検察庁堺支部平成17年領第ｘｘｘ号の1．甲ｘｘ）

判示犯行に至る経緯について

被告人の検察官調書（乙12）

警察官調書（乙4ないし6）

捜査報告書（甲24ないし27）

判示犯罪事実について

実況見分調書（甲28）

写真撮影報告書（甲14）

捜査報告書（甲7）

死体検案書（甲3）

捜査関係事項照会書謄本（甲4）及び同回答書（甲5）

（法令の適用）

罰　条　刑法199条

刑種の選択　有期懲役刑

未決拘留日数の算入　刑法21条

訴訟費用の不負担　刑事訴訟法181条1項ただし書

（量刑の理由）

本件は、被告人が、高校卒業後3年が経過しても定職に就いていないことなどの問題で実の母と口論が絶えず、うっ憤を募らせていたところ、母から、母の言動に立腹して風呂場のドアのガラスを割ったことを叱責されるとともに、就職できないことを揶揄されたことにより、母に対するうっ憤が我慢の限度を超え、殺意を抱くに至り、その腹部を包丁で1回突き刺して母を殺害したという、殺人の事案である。

本件犯行に至る経緯は判示のとおりであり、被告人は、対人関係が不得手なことが災いして、定職に就くことができなかったところ、母から早く就職先を見つけるよう何度も叱責を受けたため、母に対するうっ憤を募らせていき、さらに、仕事の愚痴をこぼしたり、隣家の犬がたてる物音に腹を立てたりする母に対し、嫌悪感を抱くようにもなった。本件犯行当日には、被告人が、隣家の音にいら立って風呂場の壁を叩く母に立腹して、風呂場のドアに椅子を投げつけて、そのガラスを割ったところ、母から、定職に就いていない被告人をばかにするかのようなことを言われて叱責されたことから、母の殺害を決意したというものであるが、まことに短絡的かつ浅はかな犯行といわざるを得ない。

その犯行様態は、逃げようとする母の腕をつかんで、自分の方を振り向かせたうえで、両手で握った刃体の長さ約19センチメートルの包丁で、母の腹部を1回突き刺したというもので、強い殺意に基づく凶暴かつ無慈悲なものである。

そして、何よりも、被告人は、本件犯行により、産み育ててくれた母の生命を奪っているのであって、その結果は極めて衝撃的かつ悲惨である。被害者は、親心から息子の将来を案じ、なかなか就職先を見つけられない被告人を叱責し続けていたのであろうに、ほかならぬその息子の手にかかって無残な死を遂げることになったもので、その驚きや無念さについては、余人をもってこれを推し測ることはできない。被害者の実兄も、被告人に対する激しい憤りを表明している。

以上によれば、被告人の刑事責任はまことに重大である。

もっとも、他方において、本件は激情的な犯行であるところ、被告人は、幼少時から対人関係を苦手とし、小学校時代からいじめの対象となり、いじめに対しては非常に我慢をするものの、それが極限的な状態になると爆発して攻撃的な形で特異な行動に出ていることなどが認められるが、これらの点は「人格障害であるアスペルガー症候群の心理特徴」(注：筆者の「」付け)を示しており、そのような行動傾向が本件犯行の動機の形成に影響を及ぼした可能性があること、また、被告人がなかなか定職に就くことができなかったことも、上記の人格障害に起因していることがうかがわれ、このような被告人の人格に対する理解が不十分なまま、母から就職を迫られていた被告人の立場にも幾分同情の余地があること、被告人が公訴事実を争わず、亡母に対し謝罪し、自らの罪を償う態度を示していること、被告人は未だ22才であり、前科・前歴がないこと、父が本件後に被告人の人格に対する理解を深め、厳罰を求めず、一人子である被告人の帰りを待って独り立ちができるように助力したい旨公判で述べていることなど、被告人にとって酌むべき事情も認められるので、これらの事情をあわせ考慮して、被告人に対しては主文掲記の刑をもって臨むのが相当であると判断した。

（求刑　懲役12年）

平成18年○月○日

大阪地方裁判所堺支部

裁判長裁判官

裁判官

裁判官

〈アスペルガースペクトラム人間の欠陥に見えるキャラクターも別の視点に立ってみると〉

1．粘り強く、最後までこだわりを捨てない（常同性、固執、執着、完全癖）

2．人の嫌がることでも、それをやると決めたら最後まで遂行する

3．約束時間に遅れない

などなど、一人遊びが苦にならないという子供の頃の性向が、大人になった時まわりの雰囲気に巻きこ

まれることなく初志貫徹。

自分の意思を曲げることなく、世間の常識に惑わされないで仕事を完結する。

頭脳が優秀で、法曹界や宗教界、いや学問、芸術の世界で事を成した人物の大半が、アスペルガースペクトラム人間であるとみると納得できることが多い。

ノーベル賞級の作家、フランツ・カフカの小説『審判』『変身』などを読む限り、アスペルガースペクトラム人間だから独自の世界を筆で表現したのではないか。20世紀では、有名な哲学者といえば、サルトル、ハイデッガー、ヤスペルスたちだが、新書版の分量にもならなかった短い論文で20世紀後半の大哲学者と称されたL・ヴィトゲンシュタイン（Ludwig Wittgenstein）なる特異な人物は、そのアスペルガースペクトラムのカテゴリーに入れるとぴったりのパーソナリティである。

古くは哲学者のスピノザやカント、物理学者のニュートン、音楽家だとモーツアルトにベートーベン、そして現代音楽の父バルトーク等々は、その典型人物といえる。周知の天才モーツアルトの死後の埋葬は「共同墓地」だったというエピソード（一七九一年一二月五日）は歴史的にも有名だが、また、第二次世界大戦後大活躍の哲学者サルトルの「死」後、一銭も残っていなくて葬式代もなかったという。

ひるがえって、天才たちの業績のその背後には、常人が到底理解できない固執や執着にプラスした常同性的言動と執着の特異さによるその仕事振りは、下手するとストーカーのような、猟奇的殺人のようなコレクトマニアックな犯罪などとも重なるのである。

何十年にもわたり、私は幾多のアスペルガースペクトラム系人間の、いわゆる適応障害や二次障害の悩みに、カウンセラーとして接して見てきたのであるが、その大半が「失感情表現言語症」的症状に惑わされているといえる。この考え方を提唱したシフネオス（一九七二）によれば、「alexithymia」の考え方の根底にあるのは、「情動を表現する言葉が欠けている」ことだという。アスペルガースペクトラム系人間の言動を見るにつけ、オーバーラップしていると思わざるを得ない。参考までにアレキシサイミアの特性について紹介しておきたい。

①社会生活での過剰反応（偽りの正常性、ロボット的な反応）
②即物的で現実主義的な態度（ひからびた実利主義、一見して強迫性格的な硬さ、感情閉鎖型に入る自己愛的なパーソナリティ傾向）
③空想や想像力の貧困（象徴化の弱さ、機械的、自動的、常同的思考）
④面接の際の人間味のある感情の欠如（面接者への共感や関心の乏しさ、動機付けの弱さ）
⑤客観的な事実関係しか喋らない（感情面での言語化の乏しさ）
⑥断片的な転移反応（治療者に対して、神経症者のような転移を起こしにくい）
⑦神経症的葛藤の乏しさ（エディプス的力動とその抑圧というものがみられない）

どれをみてもアスペルガーとオーバーラップしてくるのである。

10年前神戸は須磨の「A少年」の犯罪に接した時私は、A少年もアレキシサイミア人間ではないかと推察し、逮捕直後夕刊F紙にそのような視点から寄稿したことがあった。当時は誰もアスペルガー的発想と結びつけて発言することがなかったのだが、私はコメントの度に、その犯行の奇異さの裏には「特異性」ありと口にしていたが、「アレキシサイミア」と重ねて考えていたのは、当らずといえども遠からずではないか、かなりの線に接近した見方だったと自負しているのである。

因みにそのときのコメントは次のような内容である。

緊急寄稿　六甲カウンセリング研究所　井上敏明所長

勝ち気で内閉的　屈折した攻撃欲望の誘惑に負け

淳君殺害事件で逮捕された少年はなぜあれほどまでに大胆で残虐な行為を犯す少年になってしまったのか。少年の心理分析に詳しい六甲カウンセリング研究所の井上敏明所長が緊急寄稿した。

切断行為の犯人の大半が、「孤立・孤独」の成育史の中で生きていた人間が多いと言われている。

この少年も、家庭内の「絆」といった人間の成長に必要な心の栄養が、欠如していたのではないか。

内向的な性格で、しかも、勝ち気で負けず嫌いで、闘争心が強い少年像が浮かぶ。

そんな子が、ファミコンやバーチャル（仮想現実）世界で攻撃性をエスカレートさせ、いつの間にか、仮想と現実の垣根を越えて、実験をしたくなり、時に人殺しにまで至るという悲劇が、この種の事件の筋書きだ。

家庭内の本人のありようはどうだったのか。親は逮捕まで何も気づかなかったのだろうか。もし、そうであれば、この少年は、親にも内なる心情を見せない、特有の心の持ち主だったのかもしれない。資質としての極度な内閉的キャラクターであるがゆえに、親の方も接触を遠慮していたのか、あるいは、おとなしくて反抗のかけらもないため、心の世界に立ち入ることができなかったとも考えられる。いずれにしても、バランスの取れた親子関係ではなかったようだ。

こうした症状は、臨床心理学で『失感情表現言語症（アレキシサイミア）』という。ストレスを内にためすぎて、うっ屈したエネルギーの発散をテレビゲーム風の攻撃的な遊びに求めたと思われる。「言いたくても言えない」といった気の弱さが災いして、攻撃性をバーチャルな世界で、燃やしている間に、そのおもしろさに取り憑かれてしまったのだろう。もともとの凝り性で完ぺき主義の性格に支えられて、攻撃欲求が刺激され、歯止めがきかなくなったのではないか。

日ごろ目立たない自分への代償行為なのだろう。そういった性格の一端が、犯行声明文にも読み取れる。外見的には、おとなしく、勝ち気で執拗な性格の人間ほど、内に嫉妬や願望の感情を強く抱くものである。かなり不幸と予想できる家庭での、幼少からの屈折した歳月の長さが、中学生に成長したころには、ある種の「人格障害」にまで至るゆがみを生んだのだろう。そして、いつも自分を合理化、理屈化するという心の仕組みを身につけてしまったようだ。

そう思って、声明文を読み返せば、犯行を大規模に仕掛け、大人の犯罪であるかのごとく見せかける煙幕作戦だったと思えてくるのである。

さて、判決後のエピソードを記したい。

三人の裁判官の理解及び担当検察官の配慮のある論告求刑も支えとなり、比較的軽い量刑の判決が下ったその後、刑務所収監直後、世話になった熱心な人間愛に溢れたS弁護士さんのところへ礼状が輸送されて来た。その写しを受け取ったのだが、本当に考えられないほどの熱意を持って弁護人として奮闘された、いわば救い主への礼状というのが、やはりちょっと?

S弁護士さんのコメントも含め、ここにアスペルガー症候群青年の心の理解の至難さを分かって頂くべく紹介したい。

平成〇〇年〇月〇日
六甲カウンセリング研究所
井上敏明先生
弁護士　〇〇〇
拝啓　この度は先生に大変お力添え頂きありがとうございました
〇〇〇〇さんとは十分な意思の疎通ができないまま、裁判が終わってしまいました。

結局、彼は今回の事件で何を掴み取ってくれたのかわかりません。
　○○○○さんから当職宛てに手紙が届きましたので、ご参考の為、写しをお送りします。亡くなった母親のことはもう忘れてしまったように思います。今もって○○さんの感情の受け止め方がどのようになっているのか理解できません。
　先生から励ましの手紙を頂き大変有難く思っております。
　○○さんの事件は、私にとって荷の重い事件でした。判決後もすっきりした気分になれないでいます。
　今後ともご指導の程よろしくお願い申し上げます。

敬具

そして次は当人の弁護士さんに書いた礼状である。

拝啓
○○先生
　この度は誠にありがとうございました。おかげ様で自分にとって良い結果になったので大変感謝しています。実を言うとまさかこうなるとは思っていなかったので、正直今でも驚いていますね。改めて御礼申し上げます。これから先、受刑者として俺は新しいスタートを切りますがまずは周りに惑わされる事なく自分を信じて精一杯頑張っていきたいと思います。何しろ我が道を行くですからね。刑務所でも多分マイペースを崩す事は恐らく有り得ないと思うので、不安も大きいですがやっていける自信はあります。もちろん他の受刑者の人達ともモメる事なく普通に付き合っていければ問題は起こらないでしょう。まあ、初めてなのでなるべく最初の頃は黙って言われた事に従おうと思います。キレたらマズいので（笑）。

それで、俺の確定はいつになるか担当に確認したところ○○日の昼に言い渡しされるそうです。控訴はしないつもりで考えています。

判決終わってから、親父が面会に来て言われましたよ。「控訴せんといてくれ」ってね。本人も忙しい身ですからあまり会社休み過ぎるとクビにされるからついそう言ったのかも知れません。いや、申し訳ないとは自分でも感じているので「これ以上親父に迷惑掛けへんから安心しろよ」とは言いました。

これでも深い絆で結ばれているんですよ、バカ親子でもね（笑）。後、こんな事も言ってましたね。「俺、お前が次どこへ行くのか分からんから出来るだけ連絡しろ」と。手紙に大刑（大阪刑務所）やって書いとったやろ！って思わずツッコもうとしましたが(笑)、ただ呆れるしか無かったですね。何はともあれこれで最後になりますが、俺は決して向こう行っても○○さんの事は忘れませんから。短い付き合いではありましたが、これからもお体に気をつけて頑張ってください。それでは。

追伸
出所したら菓子折りを持って事務所の方へ挨拶に伺いますよ（笑）
平成○○年○月○日　○○○○
敬具

正直私はこの文章を読み安堵したのである。やはり私の診断は間違っていなかったのだ、と。こういうウラオモテのない、とりようによっては率直な内面の表出が相手の気持ちを、時に逆なでしているといった思いは全く抱くことの出来ない、まさしくＫＹ症候群そのもののパーソナリティ。何故そうであるのか、これからの医学的、脳科学的解明が急がれるのであるが、人口の１・７パーセントも存在するという事実。

しかも比較的、天才群も含めマイペース型の高知能の人間に多く、時にこの世で偉業を残している人たちの存在を直視すれば、日本でのアスペルガー系高知能群の青少年のその特異な能力や個性が教育の現場で受け入れられているのかというと、なかなかそうはいかないのが現状である。

辛うじて一流エリート大学に辿りつけた人間は、生き延びられるチャンスが多いのだが窓際族の可能性も高い。

オーバードクターが社会問題の一つになっている。このドクターの中にとりわけ理数系、アスペルガー系の人間が多数占めているといっても過言とはいえないのではないか。

日本のアスペルガー症候群の研究とその啓蒙は、いま途についたところである。一部の権威者だけが声を挙げているだけでは何も起こらない。文科省の特別支援教育推進が全国ネットで、いまこそアスペルガー系の青年の治療教育に目を向ける時が来ていると思えるのである。

裁判員裁判が平成21年5月からスタート、これまでの鑑定では判事たちも戸惑って、どの診断を採用していいか迷うのが現状。裁判員の登場は重罪犯の裁判である。余計にその犯行の内容が表に出てこなくてはならない。精神医学的側面と臨床心理的側面のアプローチによって、裁判員の戸惑いを少なくする役割の人間の登場が、必然化すると思うのだがどうであろうか。

最後に発達障害系人間の犯罪の研究の推進こそ、犯罪行為の理解が問われていることを強調しておきたい。

その他のケースの精神生理について

『事例Ⅰ　養母（七十才）殺しの主婦（三十四才）A子』

この事例は、夫と子供二人の主婦A子が、養父母と五年間同居した初夏、夫と養母の間で、金銭的、心理的トラブルの板挟みとなり、その葛藤のジレンマに陥り、そこから抜け出せず、発作的に養母を絞殺したものである。

判決文の中から殺害の状況を紹介したい。

「被告人は、平成×年五月二十一日午前八時三〇分過ぎ頃、大阪府下H町の自宅において、養母○波○子（当時七〇才）にその日の予定を聞こうと思い、二階にある同女の居室に赴いたところ、同女がまだベッドで寝入っている姿を認めて、日頃深刻に悩んでいる自分の気も知らずに、同女が幸せそうな表情で、寝入っていることに対して無性に腹が立ち、『この人さえいなければ、家族皆幸せになれる』という思いが一挙に噴き出して来て、とっさに同女を殺害しようと決意し、ベッドの脇から、その頚部を両手で絞め、さらに同女が体をのけ反らせるなどしたことから、同女に馬乗りとなって、その頚部を両手で、なおも強く絞め続け、よってその頃、同所において同女を窒息死させて殺害したものである」

この事件では、A子の殺意を触発した直接のきっかけが「いびきをかいて、幸せそうに寝入っている、養母の姿を見た」ことにある。

計画的・意図的に殺害したことでないことは、警察、検察などの調書でも明らかになっている。判決文において、裁判官はその点に触れて、「本件は、養母と夫との間で板挟みとなった被告人が、人知れず思い悩んだ末におよんだ、発作的犯行という一面があり、また確かに被害者の日々の言動には、同居生活を営む家族の一員としての、自覚と思いやりに欠ける点もあった」と述べている。

A子が養女となったのは四才の頃とされている。養父母はA子の家族・父方の遠縁に当たるということも手伝い、両親が納得して手放したものである。

真面目で学校の成績も良く、自己中心的な養母にも適応しての生活が続いたのであるが、中学二年生の頃「養女」であることを知り「だからこんな扱いだったのか」と、日頃、養父母の養育態度にこだわっていた、感情の痼りのルーツが明らかになったことで、抑え込んでいた反抗心が噴出し、そのためか学習への気力も次第に薄れ、将来高校の地理の教師になろうと考えて、当所希望していた公立高校への進学は成績が伴わず、致し方なく私立高校へと方向転換したのである。不本意の高校生活のためか、登校意欲も減退し、三年には退学するのであった。その後、風俗業の世界に身を置いての家出的生活を経て二度結婚。先の夫の子と、二度目の夫の子の四人暮らしの家族となって、安定した生活をしていた丁度その時期、養父の身体的、家庭的事情が重なって養母からの同居の要請があり、A子はそれを受け入れたのであった。

多少は親からの経済的支援はあったにせよ、同居するということは、当初から「ストレス」と分かってはいたものの、子の「義務」であると受け止める道徳観も持ち合わせていて、同時に強い律儀な性格も手伝ったのであろう。その後五年間の生活が続いたのである。

日常生活上の行き違いは多々あるにしても、計画的な殺害を前もって考えるといった意識は微塵もなかったA子が、金銭を巡っての、また夫の養母への不満の表明などのトラブルに巻き込まれ、行き詰まりの状況下にあって、「養母であっても親であるのだから、もう少しは私の立場を分かってくれてもいいのに」という思いが心の底から極限に近い強さで噴き出したのであろう。殺害行為を裁判官は「発作」

と判決文で表現しているのである。

家庭内暴力下における殺害事件の多くは、文字通り、衝動的発作という場合が多い。仮に、前もって殺さねばこの家はもたないと思ったにせよ、いわゆる、凶悪殺人犯と称される事件と違って、そこに至るまでの葛藤は並大抵のものではない。

しかもその大半が、前科・前歴のない人間であるのも事実である。

できるだけの我慢はするのだが、その我慢による自己抑制のロープが、何かの弾みでプツンと切れてしまうのであろう。まさに悲劇の始まりである。ごく普通の殺人事件の悲劇は、被害者そのものにあると言えようが、家庭内である限り、それは加害者にとっても悲運と言わざるを得ないのである。

ところで、A子がやむを得ず、発作的に養母を殺害せずにおれなかったその背景に、一体、何があったのであろうか。

心理的意見書

私がこの事件に関わる発端となったのは、弁護人のS弁護士からの依頼によるものである。「被告は養母を絞殺したのですが、本人が『あの間の時間の記憶がなく、覚えているのは、いびきをかいて寝ていた姿を見て、瞬間湯沸かしのように憎しみがカーと頭にきて、そして気が付いたら、養母の顔面に鼻血がどーっと出ていたのを見ていたのです。今も空白のまま』という話を留置所と拘置所でA子から聞くうちに、本当はどうなんだろうかと疑問を持つようになり、心理的観点から本人の話を一度聞いてやって欲しい」という電話であった。

私は「とりあえず、警察、検察などの調書を読んだ上で、引き受けるかどうか決めます」という返事をし、弁護士事務所に出掛け、分厚い書類に目を通したのである。読むうちに、A子に会ってみてもいいと返事をし、後日拘置所に出掛け、当人から話を聞いて「空白」は本当ではないか、と直感したのである。

拘置所に出掛け面接の後、作成したのが、次に紹介する心理所見の報告書である。

「A子」の養母殺害にいたる心と身体

家庭内暴力の結果「殺人」にまでエスカレートする事例の多いのは周知のことである。とりわけ、長い養育機関に培われた親と子の歪んだ関係が起因した殺害は、悲劇の典型と言える。養母・養女とはいえ「親子」であるのは変わりない。理屈の上では十二分に分かっている筈の被告人A子が何故、殺害に迄至ったのか。その心と身体について述べてみたい。

一、過剰反応的心的防衛と自我の脆弱さ

一人っ子の当人に向けられていた母親の養育態度は、支配的で指示的、威圧的で従順さを強いるものであったと推測される。

一に宗教活動、二に家族、三に子どもとなる筈が、お弁当すら作ってもらえなかった状況からして、大人中心の家庭環境ではなかったか。自己主張や感情表出の側面において、抑圧されていた親子関係の中であっても、「これが我が家」と納得していたところへ文字通り、反抗期の中学時代に「養女」であることを知ったショックは、阪神淡路大震災後、問題提起されている「心的外傷後ストレス障害」ともいえる心の傷と化したのではないだろうか。そのトラウマが癒されるどころか広がった結果が、高校三年の「中退」であり、その後の職場選びではなかったかと推察できるのである。それ故、他人との間柄に関係の暖かさを求め、まわりとの関わりにおけるトラブルを生んだとも言える。

一方、勝ち気で支配的な養母との長年のつき合いは、本来的に資質として持ち合わせている几帳面で生真面目な粘着性のキャラクターと重なり、まわりからよく見られることを意識する自我の突出となり、いわゆる「いい子」としての生活が営まれていて、そのストレスの結果、本人の言いなりになる男性との付き合いをもたらし、結婚。一児をもうけることになったのであろう。愛情欠乏的思い込みの代償による男性選びと言えなくはない。かつて養母に従順であったその反動が、全面的に服従してくれて、思い通りになる男性との付き合いとなり、結婚するわけであるが、その思いの深層に自己顕示欲的支配性と脆弱的自我のため、抑制を困難にしている衝動性が隠されていたのではないか。

一児をもうけたその直後、「この世に、この人しかいない」と思い込む別の男性を選ぶといったパワーは、きっと本人も気づかない内から突き上げてくる、精神分析風にいえば「エス」ともいうべき「業」

を秘めていたのだと、推察できるのである。

中退、風俗業、結婚、離婚、再婚と辿っていった「離れ業」こそ、衝動の強さを証明しているのではないだろうか。それに加え、養女コンプレックスの代償ともいうべき「自己顕示性」の強さも見逃せない。二度目の夫との関係維持のための努力が、その表れと言えよう。常識的に推測する限りにおいては、夫の商売のための運転資金の出所を明確に言っていないということは考えられない。この点に関し、誰もが「虚言」ではないかとしか思わないのである。だがここに、被告の自己顕示的過剰適応とも言える自我の脆弱さを見るのである。

あたかも親しい友人に散財し、そのための金を、脅しで奪う少年の短絡的思考と、全く同じなのである。

二、拘置所における面接で印象に残ったのは、

1．内省力の不足

2．心的葛藤に対する耐性の無さ

3．自己洞察の未熟さ

の三点であった。一見、現実処理をこなしているように思えるが、その底は浅い。

養母との同居は「一人で可哀想」といった被告の真面目な受け止め方によるものであるが、夫との絆が「唯一」といった思い込みは、夫を不愉快にするイザコザをタブー視していたと言えよう。養母

の対応は、金銭的保持の有利さから、同居の養女を「夫のいる二人の子の母である娘」というよりは、「かつての娘・養女」として関わっていたといえる。

反面、養女は養女で、養母からの独立を思いつつも結果的に、金銭上依存したということは、ある種の親への甘えとも言えなくはない。ともあれ、夫と子供との関わり合いのメンテナンスに、無理のあるのは分かっているのに、それに対する注意を払ってなかった被告の自我は、未熟というべきだろう。

三、何故、首を絞めたのか

肝心の「絞殺」であるが、本人はその瞬間を覚えていないという。夫に支援した金銭上のいきさつを言うべきであったのに言えなかったということであるが、何故言えなかったのか。「この人しかいない」と選んだ現・夫の存在が喪失するのを極度に恐れたからであろう。夫に対し、裸になれない被告の歪曲した自我がそこに顕在化していると言える。「いい子」になりきっての、夫との関わりあいを保つためには、養母が邪魔といった心情の底流に、この養母が私を養女にさえしなかったら「こんなに苦しまないでも済むのに」という憎しみが潜在的にも顕在的にもあったのではないだろうか。私の運命をかくも追いつめた養母こそ、悪の権化とイメージしたかどうかはともかく、突出した怒りと怨念のエネルギーに、養母の幸せそうな寝姿やいびきが火をつけたのであろう。

首を絞めたというのは「殺すつもりでなく」腹立たしさの極地に意識が至った時の、相手への責め（いじめ）の手段であったのではないか。地獄の思いをさせたくて採った衝動的、発作的行動のようにも思えるのである。怒り度百度の沸点にまで上昇した時、抑制のフタが開き、あたかも四十度以上の発熱患者の意識が、その時点からもうろう状態になったように、手だけが首を絞めていたのではないか。調書には、殺そうと意図したとあるが、そうでなくて「いい子」していたい欲求をせき止めるかの如き、養母の自己中心的な強迫的追求を、かわせなくなった葛藤耐性度の低い人間の切羽詰まった行為と見ていいのではないか。

養母・養女とはいえ、親ならこれくらい分かって欲しいという、これまでの両者の間柄において欠けていた愛情に基づく関係が、こういう時こそと思うのに、執拗な養母の攻撃性に憎さが百倍となって、脳内伝達物質の一つ「アドレナリン」の分泌量が一気に増えて、後戻りできなかったのではないか。その一瞬の出来事は、震度七の激震の直後、肉体の受けたショックで記憶が飛ぶのと似ている。

とはいえ、その精神生理のメカニズムは、本当のところ分かりにくい、というのがカウンセラーとしての本音であることも記して終わりとしたい。

「養子縁組と親子関係の絆」

加害者A子と養父の関係では、A子の実父の「いとこ」であることからして、例え遠縁に当たるとしても、血縁で結ばれているのである。

母親の愛情の薄さも推測できなくはないのであるが、養父は血で繋がったA子をないがしろにしたとは思えないだけに、「養女」であることに気づく直前までの親子は、まがりなりにも「そこそこの関係」を維持していた、と言えるのである。

高校中退後の家を離れての生活が、何年か続いたにもかかわらず結婚し、子供ができた後「同居」するに至ったということは、「親と子」の何らかの絆の自覚がない限り成立するものではなかったのでは、と推測したいのである。

今一度、本当の親子であろうとした試みが、夫や我が子とはうまくいかないでいる養母の間に立ち、仲介者としての懸命な努力であったのであるが、挫折したのである。その大きな要因は、金銭上やむを得ず養母の持参金を担保に、夫のためとはいえ、内密に用立てるという行為にあった。しかし、この行為の延長にこそ、本来の親子関係なら許容かと思いたくなる甘えの心理が横たわっていた、と見てもよいのではないだろうか。

親と子の関係の中核に存在する「絆」とは、相互的「甘え」の共有である。この「甘え」がギリギリのところまで許容されてこそ「親と子」であるとも言えるのである。

加害者は、そういった親の愛情の確かめを、否定的な関わり合いという、ひねくれた対応を示すことで、内心許され得る親の受容を、無意識のレベルであるにせよ期待していた。その思いの中断が反動としての発作となって跳ね返ったのか、とも思ってみるのである。

親が子の幸せを願って当然で、少々の犠牲を伴うことも勘定のうち、というのが常識であるわけであるから、二人の子の親としての生活感覚からも、その親心を投影しての「かくあるべき親の態度」をイメージし、これ位は分かって欲しいという暗黙の願いがあったと見ていいのである。

言うなれば、親であって欲しい養母への悲痛な願望が、遮断され拒否されたことでその反動のエネルギーが、いびきをかいて幸せそうに見えた寝姿で引火した、と推測してみるのである。

やはり期待していた「親」では所詮なかったと知った時、彼女をして「背を向けさせる」ことと相成ったのではないだろうか。

仮に家族の中で、養母が単に「同居人」的老女であり、かつ利害関係だけが前提となる間柄であったのなら、事は起きなかったのではなかったか。

そうであれば、きっとこういった悲劇に至る前に、常識的条件でお互いの損得が先行した形で乗り越えることができたのではないか。養母とはいえ「親」であることを期待した養女の誤算から、派生した絞殺と思えてならないのである。

『事例II　父親B夫の息子殺し』

次に、父親が手にした包丁で腹部を刺され、出血多量で若くして死んで行った、悲しい男子中学浪人の事例を紹介したい。

これから述べるケースは、全く瞬発的な行為と思える子殺しである。家庭内暴力がエスカレートした結果、殺人にまで至るほとんどの事例は、どちらかというと、こういった発作的な場合が多い。

まず犯行のいきさつを、検察官が法廷に提出した「冒頭陳述」からその経過を記載する。

「昭和Y年三月二十二日、午後十一時過ぎ頃、被告人は風呂から上がり、テレビを見ていた長男に『風呂に入れ、お前の体は臭いぞ』と言って、階下八畳間に敷いてある布団に入り本を読んでいた。

午後十一頃、妻が長男に本人の好んでいたお灸をしながら『何で風呂に入らないの、汚いし、臭いのではないの』と文句を言っていたが、苛立っていたことから乱暴な方法で温灸を始めたため、長男は『臭い体に何でかけなあかんのや、いらん、俺ばかり怒って』と言うや『ウー』と言うような唸り声みたいな声を上げて怒り出し、蜂蜜のびんを投げ出した。

被告人は、長男を刺激しないよう制止したが、本人が被告人の両肩を掴み、のしかかるようにして押して来たので、長男の胸元を掴んで『やめなさい、表へ出なさい』と言って廊下付近まで連れ出した。そこで、妻が間に割って入り、長男と一緒に六畳間に移った。

被告人は、長男のとても尋常でない何をするかわからないという形相を見て、恐怖感を覚えるとともに、親としてできる限りのことをし、耐えられるだけ耐えてきたのに、長男は悪くなる一方であり、長男さえ居なくなれば家族は幸せになれる、長男の命を奪おうと決意し、台所にあった包丁を掴み六畳間に戻った。

被告人に襲いかかろうとする長男を、必死で静止している妻の姿を見て、もう殺すしかないと決意した被告人は、長男の右腹部付近が空いていたのを確認し、包丁を右手の順手に持って駆け寄り右腹部を突き刺した。」

犯行後の状況

犯行後被告人は、事件の発生を警察に報告し、同日午後十一時三十八分、自宅で殺人未遂の現行犯として逮捕された。被害者である長男は救急車で病院に搬送されたけれども、医師の手当を受けることなく翌三月二十三日午前零時十九分ころ腹部大動脈刺創による出血失血により死亡した。

被害者の長男O君は中学浪人生で十五才の少年であった。小学校時代、難病とされている「ペルテス」を患い、学校の欠席が多く、頭はいいが学力がいつも不足のまま進級していたのである。

大企業の部長職で有名大出身の父親、名門女子大出身の母親、学年で際立って成績のいい妹、といった家族構成下にあって、唯一できない子としてのO君の意識は、「病気さえしていなければ、こんな惨めな思いをしなくても」と言った愚痴が口癖であったという。

中学三年間の塾通いでは学力不足は補えず、高校は偏差値の低い市立の高校、それも都会からかなり離れた遠隔地にある、急ごしらえの全寮制の学校に入学。この高校に集う若者の大半は、どちらかというと行動派の具象思考タイプであった。

そのため、学力は低くても知能レベルの高い抽象思考タイプの生徒のほとんどが、その集団に馴染めず中途退学していったのである。現にO君の学年で五名が入学したのであるが、そのうち三名は一年の途中で退学しているのであるが、O君の他二人の親の職業は、弁護士と医師であった。高校内の集団訓練のイベントとして生徒全員が、教師の怒声に怯えるようにして、体育館の床磨きに精を出す姿はまさに異様であった。しかも掛け声を張り上げての全体行動は一見、戦前の「陸軍」での「しごき」にも似た、よく言えばスパルタ風の悪く言えば加虐的な行為の繰り返しの連続、頭のシャープな批判力のある生徒の拒否反応は、地獄から逃れようとするのに等しいものであった。

そのような思いに力尽きて退学したO君、家に帰ってから次年度に向けての受験勉強に取り組むわけだが、不安感情がつのっていたことも手伝い、当所本人が期待したようには学習は進まなかったのである。

そして、次に行くべき高校も定まらないでいる三月の下旬、親と子の悲劇的対決が死をもたらしたのであった。

我が子の横暴さと我がまま、得手勝手さと、自己中心などがいくら重なっていたにせよ「ペルテス」で辛い思いをした息子のバックグラウンドに思いを馳せる時、「あの子も大変だった」と少々の逸脱した行動に我慢をしていたのであろうが、三月二十二日のトラブルは、親の自己抑制の範疇をはるかに超えたものであった。

親は子供の学力が少しでも向上するならと中退後、本人の要望通りに塾に行かせ、家庭教師をつけたのである。しかし逆にそれが焦りのストレスとなったのか、本人はますます無気力的状況下に陥ったことも、トラブルを大きくした要因であった。

そのどうしても低学力領域から浮上できぬフラストレーションを、弱い母親に暴力でぶつけていたのであった。

不満や不成就の思いをどこへ持って行くのか、まさに行き場のない閉塞状況で唯一「母」は、本人にとって発散の場であったに違いない。

我が子なればこそ、と言うか、お腹を痛めた息子が「不憫」にも「ペルテス」に侵され、ハンディを背負った姿は、耐え難いものであっただけに、父親の対応とは違って、ぎりぎり迄「受け入れ」ていた母に対しての子どもの無軌道さに、際限がないと父親が判断したのであろう。

「この子をこのままにしておく限り兄弟が可哀想、家族がやっていけない」といった危機感情が、思いつめた結果となっての子どもの「殺害」が、家庭内暴力に対抗する最後の手段であったと言える。

一流会社の部長である父親の一瞬の行動は、こういった心の働きがあったのではないだろうか。

次にこの殺害の判決文を紹介しよう。

「被告人の判示所為は、刑法一九九条に該当するので、所定刑中有期役刑を選択して処断すべきところ、犯情をみるに被害者の障害に思いを致らせると、楽しかるべき小学校のほとんどを『ペルテス』という難病にとりつかれて松葉杖にすがって過ごし、ようやく病癒えてこれからという時期に、受験戦争の渦中に投げ込まれ、その戦いにも幾度も敗れて傷つき、ついに一度も己に誇りを持つ機会を得られぬまま十七才の若さで、しかも血のつながった父親の手にかかって、『死にたくない。僕は学校に行くんだ。行きたいんだ』との無念の言葉を残して死んで行かねばならなかったものであって、誠に哀れというほかない。確かに被害者には判示のごとく、親を親とも思わぬ家庭内暴力の数々や奇行、奇癖が認められたのであるが、同人は不治の精神病に侵されていたわけでなく、最近散見する『思春期病』の一病態を示していたに過ぎないことが認められるのであって、周囲の指導よろしきを得、また一定の時期を過ぎれば、右病態を脱して健全な青年に成長し得たのではなかったかとも思われる点、その哀れさはまたひとしおであり、このような可能性を秘めた被害者を包丁で一突きのもとに殺害した被告人の刑責は重大であるというべく、容易に許しがたいところである」

弁護士より依頼された私の法廷での証言は、二時間にも及んだのであるが、私が一貫して述べた内容は、父親も被害者である、ということにあった。

その理由は、高学歴の両親、成績のいい妹、本来なら知能の高い資質を持つが故にトップ校に合格できるはずのO君、などの要因で構成される家庭の文化がもたらす進学志向のレベルは、慢性的学力不足の者にとって、最悪の環境と言わざるを得ないからである。

故に、こういった状況下に喘ぐ学力不振の中学生の諸問題を称して、私は、思春期症の一形態であると法廷で証言し、受験戦争に巻き込まれ、そこから外れてしまったことに、焦りと絶望を強く抱く中学生を抱えた親の対応の深刻さには、同情を禁じ得ない旨述べたのである。

更には、彼の言動から一過性とはいえ、ある種の「心の病」であったと断定できることを前提に、その病態を見ていながらも、そうであると受け入れがたい親心がもたらした、二律背反の悲劇こそ、事件の核心であることも説明し、このような親と子の対決場面は、殺害まで至らなくても、その寸前の家庭内暴力は、進学地域では、時に日常茶飯事と言いたくなるほど、顕著である点も指摘したのであった。

判決の結果は、情状酌量も手伝い、懲役三年、執行猶予五年となったのである。

さて問題は、責任感、道徳観、義務感など人一倍強くてインテリの父親が、限界状況下に陥ったとき、「親と子」であるが故にであろうか、まさに愛情の極地に追いやられたのか、「長男さえ居なくなれば幸せになれる」と、とっさに思い包丁を掴んで我が子の腹部を刺す、という行為は何だったのか。

子の親であるのを承知で「息子に背を向けた」というその瞬間の行為は、怒りか攻撃か、加虐か残虐かといった尺度では計り得ない、別の次元からしか了解し得ない本人だけの、その瞬間の異常心理、いや、とうてい引き返し得ない最高に興奮した「生体」のなせる業、これは先に紹介した養女の親殺しのあの瞬間と、その気分において同一化しているように思えてくるのである。

いったいどんな事件であったのか。まず「起訴状」から知って頂きたい。

第三の事例として「三才の知能」と告知された、高二の息子の素行に悩む母親の殺人事件を紹介したい。

『事例III　母親による息子の絞殺』

「被告人は、次男（当時十六才）が高校で女子生徒に悪戯をしたため、精神科医に診断を受けたところ、右神経科医から、本人の知能が三才程度であって、早急に同人の生活態度を改善させる良策もない旨告知され、同人の将来を悲観し、同人に苦難の道を歩ませるよりは、同人を殺害して、同人及び家族の将来の禍根を断ち切ろうと決意し、昭和Y年十二月一日午前十時三十分頃、居室において同人に精神安定剤等二十錠を手渡して服用させた上、同日午後零時三十分頃、眠り込んだ同人の頚部を長さ八十センチメートルの革製ベルトで絞緊して窒息するに至らしめ、もって殺害したものである。

罪名及び罰条

殺人　刑法第一九九条」

次男のT君は、定時制商業科に在籍していたのであるが、高校二年になってクラスの女子生徒たちに対しての「性的ふざけ」が目立つようになり、困惑した担任が親に精神科受診を薦めたのであった。

診察した医師が母親に「三才程度の知能」と告知し、将来性の薄いことを示唆した。その発言による心的外傷が、ある種の「急性うつ症状」を触発したものである。始めは「可哀想、不憫」の心情が、この子のためにこれからずーっと苦労するのか、という絶望的感情に巻き込まれ、破壊的行動、衝動に引きずられてしまったともいえるのである。

ところでこの事件に関し、私が裁判所において証言したのは、「三才レベルの知能」と告知してしまった医師の対応が、母親をして絶望の淵に追いやったのでは、といった見地に立って、加害者である母親を弁護したものであった。

発言の趣旨は次のようなものであった。

「立場が弱い患者家族にとって、医師の発言は百パーセントの重みを持っている。三才程度の知能といっても、T君は定時制の高校では五段階評定でオール3を取っている。知恵遅れの子であっても、教育によって十分に生活できる現代の状況にあって、もう治らないといった決めつけ的発言には問題がある。特に、精神科医には医療技術というより、患者家族に対する心理的配慮が必要だったのではないか。問題症状を聞いて、性欲抑制剤や精神安定剤の投薬の処方だけで事が済むわけでなく、もっと親が希望を持って子どもと接することの出来る、指導的助言が必要だったのではないか」

私の証言に耳を傾けていた同席の検事が、被害者の知能についての調査から「実施されていた東大式メンタルテストの数値では、偏差値が四十八とあるが、証人はこれをどう思われるか？」という質問を私に向けたのである。

私の対応は、一、知能テストはいい結果の方を取るのが常識であること 二、身体の虚弱と発達の遅れ、近乱視ハンディなどが「仮性精薄」のように教師たちには見えるのか、知的な面で問題があるというものであった。

確かに、T君は中学の三年間、通知表の評点ではオール1を脱し得ず、最低の成績であったのは事実であった。

ところが、定時制高校入学後は、学力の低い生徒の集団とはいえ「商業英語」などは、五段階評価の4を取っていたのである。

実際に中間と期末のペーパーテストの結果も、知能年齢が三才ではとうてい獲得できない問題内容だった。

定時制高校で中学時代と比べ、飛躍的な成績に上昇していただけに、母親の駄目な子との先入観が薄らぎ、希望も出てきた矢先の出来事であった。出来ない子であるのを受け入れ、精一杯養育に専念していた母親の心情に一筋の光明が差し込みはじめて、一年を過ぎてしばらくしての「事件発生」。親にとってこれほど辛いことはなかった。

学校での、逸脱行動のショックも癒えぬ間の精神科診断、それも「三才児と同じレベルの知能」とい

う医師の「ご宣託」を耳にして、母の思いはいかばかりだったのか、結果的に息子の殺害に至っている
のであるから、言葉がないと言えるのである。

判決はどうであったのか。

裁判官は

「母親に何の疑念も抱かずに懸命に生きようとしていた十六才の我が子を絞殺した刑事責任は極めて重い。しかし、大学病院の冷酷とも思える診断結果の告知によって我が子の将来に不安を抱いていた被告人が、犯行を思いつめて行った経過や、心情に同情すべきものがある」

として、懲役三年、執行猶予五年を言い渡したのである。

医師の発言で、母親の心的外傷によるショックが直接の引き金となって殺害、といった解釈が、結果的に量刑を軽いものにしたわけだが、それはそれとして、この母親、三才児と言われようとも、お腹を痛めた子であるのだから、その現実を何故に引き受けることができなかったのか。どうして「トランキライザー」を大量に服用させ、被害者のベルトで絞殺せずにおられなかったのか。

小学校・中学校の段階において、通知表の評点がオール1であることは重々分かっていて、それでいて高二の段階で改めて三才児の知能と言われたにしても、当然といえば当然であった、という側面もなきにしもあらずといえるのに、自分の手で絞殺とは一体、母親の意識というか、生体に何が起きたというのであろうか。

他の子に比べ、ハンディを背負って生きてきた十六年の我が子と必死に関わって、そして一瞬にして「生命」を奪う、という衝動的犯行の背景にあるものは何か。

こういった見地に立ち、加害者の心理に迫ってみるとき、先に紹介した二つの事案である三十四才の主婦の養母殺し、また大企業の部長であった父親の息子殺しも含め、三者に共通する、瞬時におけるおよそ当人達もこれまで予想することのなかった一見、発作性の「殺害」という衝動現象が見て取れることは、読者諸賢もお気づきのことと思うのである。

己にとって親であり、かつ実子であるところの、親密でしかもこの世で定められた家族性を背負っての関わり合いの延長にある、「他者」に対して理屈を超えてのというか、それぞれの加害者にとって計画的な意図でないのに、無意識の底から突き上げてきたパワーがもたらした結末は、まさにカタストロフィーそのものといえよう。

「殺して」しまったという悲惨、まさに予期せざる状況下での「弱者に背を向けた」あたかも竜巻の如き強い突風に乗せられた瞬時の、理不尽とも言える非常なる混乱した生体の結果、と言えるのである。

こういった突発的悲劇は、「メンタル」の問題でなく、「バイオ」の領域で考察せねばならぬものと言えるのではないか。

殺意なき殺人

ところでこの三事案に関しての裁判所における私の証言はいずれも、「殺意なき殺人」とも言える見地からの弁論であった。現実的には間違いなく、他者殺害しているのであるが、その衝動は何か、という時、起訴状では、いずれも加害者にはそれなりの殺人の動機が明記されているのであるが、これは刑事訴訟上で、殺人が動機なくしてはあり得ない、という鉄則が前提になっているので、文章の運びとして必ず「動機」が明記されているのが、この世界では常識である。ということを分かった上でのことだが、私が三人の加害者に接した限りにおいては、これらの動機が果たして、真に殺意によるものであったのかどうか、疑わしいと今でも思えてならないのである。

更には、殺害という、まことにドラマチックな方法で「背を向けた」その行為のエネルギーは、と問われたとき、単にメンタルな要因というより「バイオ」がもたらすところの、精神生理的発作の衝動ではなかったか、と推察しているのであるが、次にそう思えてくる諸点を、三者の共通要因として取り上げたい。

まず調書であれ、小説やドラマのセリフであれ、殺人の瞬間というのは、

「頭が真っ白になっていた」
「気がついたら殺していた」
「そのつもりでないのに、刃物が刺していた」
「見つかってもう駄目と思い殺してしまった」

等々で表現されていることが多い。

その大半は衝動的な動機によるものと言える。おまけに、数の上では計画的な殺害というよりも、自我の未熟なコントロールの弱い人間の衝動を抑えきれない、生体のアンバランスによる結果の突発的行為といえなくはないのである。

では、私が取り上げた三者の場合、こういった、いわゆる前歴があったり、凶暴と言える犯罪者の類似性がどれだけあるのだろうか。

因みに、犯罪学分野で著名な故・吉益脩夫氏の二百人の殺人者の研究によれば、二百名の殺人者中、利欲型と葛藤型は全体の十三分の一、隠蔽が五分の一とある。正常は十分の一、精神病・精神病質・精神遅滞の三つ合わせて八分の五になるのだという。更に「正常者はほとんど初犯で、遅発犯の方に多い」とも指摘している。

事例の三者には前科前歴はない。まわりの評価も、口を揃えて「真面目人間」であることを強調している。

客観的にはごくありふれた、正常で健康な精神の持ち主だと推測できるのである。その証拠が、多くの人による助命嘆願書が出来上がっての裁判所提出となっているのである。

おまけに、殺害対象が身内であり親族である。日々の生活の延長において親密に関わっている間柄なのである。

共に、離れ難いというか、縁の切れない長い付き合いを経た過去の重さが、十分に意識の奥深くインプットされた関わり合いでもあるのであった。

こういう重層的な関係上の問題にあっては、同種族の哺乳動物が相互に殺意が抑制されているように本来的に人間の場合も生育上、学習がなされているので、身内の殺人はまさに異例ということになるのである。

「殺すつもりは無いのに殺している」

といったアイロニー、即ち自己矛盾に陥ったときの加害者の状況は、先にも触れたがメンタルのレベルでは理解できない衝動行為である。だが結果的に「殺人」は行われているのであるから、殺意は無かったとは言えないまでも、限りなくそれは「殺意」と言えないわけではないのである。

私は、このあたりの瞬発的な殺害の行動は、生体の興奮、即ち加害者の内分泌循環において、カテコールアミン系のホルモンが過剰噴出してしまい、そのホルモンと拮抗する副交感神経の出番がなく、交感神経が舞い上がってしまい、行き場所を失う結果、と推測しているのである。

となると、殺意はなかったが大量のアドレナリンが、メンタルの領域をはるかに越えて「殺してしまうのだ」という結論も出てくるのではないだろうか。

ところで、「生体的メカニズムの観点」で殺害行為を見るというのはどういうことなのか。アドレナリンのなせる業、などとどうして言えるのか。疑問を抱かれる読者諸賢も多いと思う。

犯罪心理学者でかつ精神科医としても高名な、故小田晋博士によると、人間は何かしようとするときは、己の行為をまずもって内言語で評価しながら、提灯で足下を照らすようにして行動するのが普通であるのに、こと「人を殺す瞬間」というのは、その内言語がどこかに飛んでしまい、残るのは行動の結果だけ、という場合がほとんどだと。

これまで取り上げた三事例の起訴状には、必ず動機が明記されているが、前にも一度触れたのだが、この動機というのが、実際は曖昧でどちらかというと警察官、検察官によって無理に作成されているともいえるのである。その理由は多くの殺害者の供述が当初は「夢中でやって気が付いたら――」と言っているうちに「動機がなくてなぜ人が殺せるのか」と密室で追い詰められて「それもそうか」と思い直し、担当官の言うままに、あたかも物語を作るように、文章作成されていき、最後に人差し指で捺印となるのである。いくら意識がなかったと主張しても通らないのである。

しかしながら、結果的に言って、殺害の事実があるわけだから、いくら意識がなかったのだと反論しても、アルコールの酩酊や発作的な衝動によるものと違い、やはり殺しには殺しの理由が存在するのだと言えよう。

実存心理学者のマズローは、すべての殺人は自己実現のために起きると言っている。

仮に、もしそうだとしたら、この事案の例はどう扱うべきなのであろうか。

ところで、子殺しにせよ、親殺しにせよ、人類の発生から今日に至る迄、つきまとっている犯罪の一形態であることには誰もが認めているのであるが、確かに「身内同士」の殺人の数は基本的に無いとは言えないまでも、他の犯罪に比してないに等しいと言えなくもない。

とりわけ、子どもが成人してからのケースは稀有といえる。ただし、母の子殺しに限って言えば、東京とニューヨークの率で比べると、前者が二十四・七パーセント、後者が十二・四パーセントといった数値を、かつて心理学者の故・相場均氏が学会で発表されている。そのことがいつまでも脳裏にあるのだが、こういった子殺しの多くは、乳幼児が対象であるのは周知のこと。高校二年にもなった息子を殺害するといった例は皆無に近いのである。

マズローの主張する「自己実現」とは、まことにそう解釈すれば、確かにそうも言えるのであろうか。かといって殺害することが、「自己実現」で済まされるかというと、そういうわけにもいかない。親子の間柄で起きた殺害の理不尽さに戸惑ってしまうのである。

何故殺したか、というより「殺してしまったのは何故か」と問いかける方が、先に取り上げた三事例では了解しやすいように思ってみるのである。

「我思う故に我あり」(Cogito ergo sum)——近代哲学の祖デカルト風に論じるとなると、まず先に殺害が起きてしかるべき後に、どうして、と本人自ら問いかけるべきは、論理的な筋論から言うと「逆」ということになってしまう。

換言すれば、初めに「背を向けている」わけではないのである。むしろ、関わることに思いを寄せ、時に言語に尽くせぬ感情の交わりのストロークを、我が養母や我が実子に投げかけているのにかかわらず、その願いが最後の最後、達せ得なくなったと感じたその極限において、量が質に転化し破滅化するのである。

養母殺しでは、四才より育てられた養母であることが前提となった、養女の限りなき甘えによる親子の絆の確かめの挫折感。父親の息子殺害では、どうして分かってくれないのか、といった悲痛なる我が子の願いが裏目に出た絶望感。母親の高二の長男の殺害では、こんな知能で生きる限り幸せはない、と息子への極度な不憫感、等々の追い詰められた状況にあって、人の心、というより「生体」が身動きとれなくなって、自律神経の働きにおける交感と副交感の拮抗が停止し、片方がつるべ落としのように跳ね上がって元に戻らない時、異常な脳内伝達物質ホルモンが大量に分泌され、小田晋博士の指摘を待つまでもなく「内言語」といったものは、とっくに飛んでしまっていたのであろう。

ごくありふれた「人殺し」でも内言語の登場チャンスがないのだから、親殺し・子殺しに至るとなると、余程のアクセル衝動・駆動性が瞬発的に出ないことには殺害にまで至らないのではないか。

加害者三人のパーソナリティー

ところで結果的に殺害を選んだ三人の加害者に共通したパーソナリティーの要因といえば、

一、真面目　二、粘着性気質　三、過度の気遣い　四、過剰適応　五、過干渉　六、正義感が強い　七、

周囲から好印象　八、周りに敵が居ない　九、熱心　十、規則的で服従的対応型の尊法主義

こういった十項目の性格の傾向が複合的に、人格的働きとなって外にその意志が顕在化する時というのは「自分は絶対に正しい」と思い込む、時にパラノイア的な信条を抱いていて生活を営む姿と化する場合が多いといえる。

問題は、この「自分は絶対に正しい」とするビリーフの意識の度合いであるが、文字通り度が過ぎると、粘着性気質特有の忍耐というか、強圧的自己抑圧が許容の限界を超えた時、その反動が爆発化するのである。

この辺りの心的状況について、先に紹介した小田晋博士が次のように記述している。

「要するに、最も危険な人間は『自分が絶対に正しい』と思い込んでいる人だということである。政治的イデオロギーでも宗教でも愛情においても同じ事が言える。

最近アメリカでは、恋愛妄想に基づいた殺人が問題になっている。お前も俺を好きな筈だ。しかるにそう言わないで、周りをあれこれ嗅ぎ回ったりするから、けしからんと考えて相手を殺すのである。

それとは別に『俺はお前のことを、これ程思っているのに、何故お前は俺の思いに応えてくれないのだ』とか、『どうしてお前は俺に対して、そんなに冷たいんだ。俺を苦しめないでくれ』という一方的な理屈で女性につきまとったり、場合によっては、殺してしまったりするケースがある。」

例え犯罪上の前科前歴が無くっても、我々の意識では殺害行為が容易に許されるものではないことは、

誰もが承知していることである。

理由の有無を問わず殺人行為者は拘束され、刑事訴訟法に基づいて法廷で裁かれるわけだが、結果的に同じ殺害でも、相当な情状酌量が考慮される場合、その理由の根拠はどこにあるのか。

そのほとんどが、一、計画的でない　二、悪意でない　三、利害が絡んでいない　四、葛藤状況に同情の余地有り　五、殺害に至るまで当人に問題解決に努力の跡がみられる　六、日常生活上、他人に迷惑を掛けるような問題行動はない　七、むしろ親切で周りから好意を持たれていた　八、余儀なく殺害せざるを得なかった加害者を取りまく環境の深刻さが了解できる　九、再犯の可能性はない　十、司法関係者との対応で支障がなかった、等の要因が推測出来る。

そこで、養母殺しの主婦が、尊属殺人であるにも関わらず発作的といった理由も含め、判決では懲役七年、父親の息子殺害では三年の懲役に執行猶予五年。更には、母親の長男殺しで懲役三年、執行猶予五年といった、それぞれの判決結果が物語っていることの意味は何かと問えば、本来なら「殺害行為」が起きる筈のない親と子の関係の中で、発生したこと自体が異例とする思い方、考え方が判事の裁く心の奥底に潜在化しているからではないかと思ってみるのである。

何の縁もゆかりもない人間を通りすがりに刺し殺す通り魔と、この三事案のケースの殺害とは筋が違うのである。

まず、濃厚な関係があるにも関わらず、殺害せざるにおれない理由があったわけだから、その不幸とも言える本来なら必然的でない出来事が、現に発生したという事実を顧みる時、殺すつもりでなかったのに、気が付いたらすべてが終わっていた、という三者に共通した身心の状況といえるのではないだろうか。

原則的には、この三加害者にとっての自我形成は、生活歴を見る限り、まず健全だったといえよう。「人を殺すなんて考えも及ばない」といった本能的な感覚から「殺害の行為は時に死刑」といった知的判断、更には「人間が人を殺すことをしてはならない」といった倫理観まで至る時、フロイト流の三重構造が見えてくるのであるが、病的な人格障害など考えられない三加害者においては、まさに俗っぽく表現すれば、通り魔の如き「魔の差した瞬間」の体験としか説明し得ないのを前提に、人知の計り得るのに限界があっての運命的な悪戯にも近い、殺害行為とみなされたが故に、判決の量刑が限りなく最低の年数になっているとみていいのではないだろうか。

例え養女であれ、戸籍上養母は文字通り母親であるからには、尊属殺人の範疇に入るわけである。日本の刑法ではこの尊属殺人の量刑に関して、一九九五年まで原則的には死刑か無期であった。

他者に背を向けた時

さて問題は、背を向けるべき関係対象でなかった筈の、肉親である他者に、多少の下地はあるにせよ、突如として「殺害」でもって無きものとしてしまう行為が発生した、という事態は一体どう解釈すればいいのか、である。

私はこれまで紹介した事犯共々「殺意なき殺人」行為と了解しているのである。俗に「頭が切れた」「プッツンした」といった状況を「プッツン病」と称しているのは読者諸賢もご承知のことである。現象的にはこの状況と全く照合するものである。そして、その背後にあるその瞬間の心身のメカニズムは、如何なるものとして説明すればいいのであろうか。

結論を先に言わせて頂くとすれば、メンタルでないバイオのなせる業と断定できるように思うのである。では「バイオのなせる業」とはどういう状態を言うのか。言葉の上では「ナイフを持ったことも、記憶が無く、無意識的に殺していた」「気が付いたら手が首を絞めていて、義母の顔面から血が溢れていた」「ベルトを息子の首に巻き付けて力一杯締めていたことだけで、その前の意識が空白」と後になって表現できてもその瞬間、即ち、殺害突入時の興奮状態の記憶は、三者とも脳裏から完全に消去しているのである。

もちろん自供による調書の作成の文書ではどのケースも、殺意を明記してあり「分かって殺した」こととなっているのは、前にも述べた通りである。

読者諸賢も、この辺りの発作的意識といった状態、おおよその了解をして頂けると思うのであるが、一九九三年一月十七日、阪神・淡路を襲った大地震遭遇の体験でなら、あの激震の瞬間は覚えていて、その後が「空白」になっていて、二年も経過するのに未だに想い出さない、と証言している人が（芦屋市に住まいしていた私も同じ経験者だが）いたら、「私もそうだ」とたちどころに手を挙げる方が続出するのではないだろうか。

本当にあの言語を絶した恐怖に出逢った時、脳の働きが驚きの余り、声が出ないどころか、一時パニック化し機能しなくなるのではないだろうか。

しかし、しかしである。不思議なことに、手足は本能的に動いて、咄嗟に倒れそうになったタンスを支えたり、夢中で家を飛び出したりしているのである。

エピソードの一つに、家が全壊した或る私立高校の教頭夫婦、気が付いたら近くの石屋川（神戸市東部）の中を歩いていた、というのがあった。しかしどうやって土手を降りて川底まで辿り着いたのか、未だに杳（よう）として想い出せないのだという。

今一つ、弁護士のYさんが、司法試験合格を知る直前のこと、京都の弁護士事務所に事務員として勤務していて、書類を持参し京都地方裁判所へ入ろうとした時、「『君、司法試験、受かったよ』と声を掛けられたその瞬間から、その後事務所に帰って机の前に座っていた間の記憶が全くないのですよ。今でもあの時のことを思い出すと、何とも不思議でならないんですよ。」と、突如パニックのような状態に陥った時の意識というのは、到底理解しがたい旨話されたことがある。

我々も一生のうち、何回かこういった場に直面することがあるのではないだろうか。

では、この意識でない意識の状態を、どう説明すればいいのであろうか。

生理学的に言えば、現時点で言えることは、大脳皮質でなく、間脳が先行したということであり、現象的に説明するなら、衝動力が、抑制力を上回ったということになり、母親の息子殺しの事件では、ショックによる急性うつ的状態が、「もう生きて行けない」と妄想的にイメージしたところへ、抑制力も低下するので突っ走ることになったのでは、と言えるのではないか。

それにしても、三者の加害者に共通した負因は、長年の先の見えない葛藤による中枢性の疲労が慢性化し、自我を統合するパワーが落ち外的圧に巻き込まれ、そのストレスに対しての対応が「殺害」となったのではないだろうか。

第三章　性犯罪と心理機制

強姦の事例――未遂容疑の法廷審理

二〇〇八年〇月〇日、私はT弁護士より送付された刑事裁判の判決文のコピーを受け取った。その三ヶ月前、某地裁法廷で被告人の心理鑑定に関し、法廷に立ち証言していたからである。

まず同封されていたT弁護士の挨拶文の一部を紹介したい。

「前略　先生にはご多忙中にもかかわらず、様々なご努力をいただき本当に感謝しています。先生のご尽力のおかげで、発達障害のことを裁判で取り上げることができ、また判決の中でも認定されることになりました。（中略）量刑としては、求刑五年に対し懲役三年と六割程度である上に、未決拘留日数についても裁判期間中のほとんどすべての期間が算入されることになり、実質的には二年三ヶ月程の刑になっています。これは一重に先生のご努力のたまものと理解しています。（後略）」

現行の刑事裁判では、犯行の心理状態が不可解と思われれば思われるほど、いわゆる「精神鑑定」が必然となっていて、刑事訴訟法でも認知されているのは周知のことである。

まず「簡易鑑定」か、「正式鑑定」が検察庁サイドで。その結果再度鑑定留置するか、いかにも心神喪失では無罪となる公算だと不起訴にするのか、それとも完全に責任能力ありと判断し起訴となるか。これ全て検察官の職務権限となるのである。

因みに二〇〇八年三月に発生したＪＲ岡山駅プラットホームで乗客を突き落とし死なせた十七才の高校生の殺害事件、動機が将来を悲観して刑務所に行きたいとの供述で話題になったのだが、簡易鑑定の結果「アスペルガー障害」と診断され、更に詳しい正式鑑定のため長期の留置処分となったことを新聞が伝えていた。

従来、精神鑑定のポイントは、一過性であれ本能性であれ、犯行時心身喪失か耗弱を判別、診断するところにあった。あくまでも犯行時に焦点を当てての診断推定である。その背景に、精神病が介在しているのか、発達障害が触発要因だったのか、いわば病名が重視されるのでなく、あくまでもその罪が問われる犯行の瞬間の心理状態の識別であるといえる。

しかも二つの分類、①耗弱　②喪失　である。要は、犯行事実は裁判上争いのないものだが、動機および犯行時の行為の責任性の有無について問うという場合の参考となるリサーチが鑑定なのである。これまでの伝統的な鑑定の多くは、精神病なのかどうかの診断にウェイトがおかれていた。

例えば一九九七年の神戸市須磨区内の少年Aによる児童殺害事件では、鑑定人は限りなく離人ではなく乖離でないと。即ち人格統合失調症のエリアに入らなくて、「意識清明」でかつ同年齢レベルの判別能力あり、というわけである。であるのに、ナイフで切断したとされる首を補助カバンに入れて持ち歩き、雑木林の中で機動隊と出会っていても全く犯人の体を見せなかったという不思議な少年。検事調書によると、検事がその時の心理を尋ねたところ、「平常心だった」と答えたという。この心理状態を私たちはどう理解すればいいのか？　精神病的な視点ではなく、広汎性発達障害系のアスペルガー障害者の言動とするのであれば了解可能なのである。しかしこの時の二人の精神鑑定医はそのことに一切触れていない。

奇異と映る犯罪ほど、高機能自閉の心と身体の仕組みとかかわりが深い。

以下続く拙論は、犯行のバックグラウンドに貼りついている広汎性発達障害について言及するのが目的である。

精神鑑定

日本の司法界では「精神鑑定」に関して担当者は「精神科医」である。『日本の精神鑑定』（みすず書房）は、鑑定の事例集としては当時の国民で知らぬ者がいないほどの、大事件の犯人に関する内容がそのまま記載されているのである。

例えば、昭和二十二年（一九四七年）十一月の「帝国銀行員毒殺事件」の被告人平沢貞通。更に昭和三十九年三月の米国駐日大使エドウィン・O・ライシャワー氏が刃物で刺された傷害事件の犯人塩谷功和。また異色な鑑定としては、太平洋戦争A級戦犯で、軍事法廷内で前席の同じ戦犯、元首相の東条英機大将の頭を「インド人よ、来れ」と突然叫んで後ろからポカンとやって精神病院に収監された思想家であり哲学者の大川周明鑑定など、多岐にわたった鑑定集である。

その書物の「監修のことば」で東大名誉教授の内村裕之博士は、

「── 前略 ── 鑑定は鑑定のために実に大きな努力と苦心とを払う。精神鑑定書はそれゆえに、鑑定の苦心の結晶であるばかりでなく、時には重要な学術論文たるにふさわしい内容をさえ具している。ところがこのような鑑定書は公表される機会が少なくて、多くの場合数人の裁判当事者の目に触れるだけで終わってしまう。これは重要な、また興味深い資料の死蔵であって惜しみても余りあることである。── 中略 ── もともと法律家と精神科医とでは教養の内容に大きな相違があるために、相互に十分に理解し合うことが困難である。かつての裁判精神医学の権威者アシャッフェンブルグが言うように、両者が各々の職分を守りあって互いに手を携えることこそ、科学的裁判業務を進歩せしめる道である。」

と述べられ、かなりの数の鑑定内容がそのまま（ただし編集したとある）記載されているのである。因みに、二〇〇八年の六月に封切られている映画で、「阿部定事件」を題材にした猟奇的犯行の事件の鑑定も編集されている。

要は、犯行時の責任能力の有無が問われるわけだが、その動機と人格の病理に関しての見解を、弁護人、検察官、裁判官などがそれぞれの立場で審理の対象にするわけである。

二〇〇九年から新しい国民参加の「裁判員制度」が実施された。何の法的知識も経験もない一般の国民が誰の意見も聞いてはいけないという拘束の中で判断を強いられるという仕組み、そうなればこれまで以上に重大な刑事事件では、犯人の心理状態の把握が要請されることになる。一生一回きりの出番で、一体何が分かるのか、司法の職業人ではない市民の心の負担は大きいと言わざるを得ない。となると、改めて裁判員制度の裁判では、犯人像がよく見える鑑定がなされる必要が出てくるといえるのである。

精神鑑定は信頼できるか

両親が歯科医という家庭の二男が末っ子の妹を殺害、不可思議な事件が二〇〇七年に起きた。二〇〇八年五月に出た判決では、殺したときは心神耗弱で、遺体をバラバラにしたときは心神喪失だったとして、懲役七年前後の刑が言い渡されたのには、誰しもがいぶかった。どうして耗弱と喪失が二分されるのか、と。本当はどうだったのか。神のみぞ知る、である。勿論最終的に裁判官が鑑定の結果を斟酌（しんしゃく）するということになる。問題は鑑定の内容がどこまで、犯行の動機やその行為に至るプロセスの経緯を解明しているのかが問われているのだといえる。

二〇〇八年五月二十一日の読売新聞に「精神鑑定の信用性」という岩波明（精神科医）氏の論評が掲載されていた。精神鑑定は果たして信用できるのか、として次のように述べている。

「―前略―残念なことに日本の精神鑑定の質は必ずしも高いとは言えない。欧米では精神疾患の法的側面を扱う司法精神医学が長い歴史をもつが、日本では医学部に講座はなく真の専門家はいない。このため被害者感情や世論の動向を気にするあまり、バイアスのかかった鑑定結果を提示する例もある。加えて精神疾患の新しい概念に司法も精神医学自体も対応しきれていない。その一例は、広汎性発達障害の問題である。供述書の漏洩が問題となった「奈良母子放火殺人事件」の加害者の少年はこの障害であり、責任能力が不十分と一部で指摘されたが、犯行と障害がどのように関連しているのか納得のいく説明を是非聞きたいものである。―中略―裁判員制度が間もなく始まる現在、一般の人にも理解しやすい納得のいく内容を求められている。実際の鑑定例について情報をできるだけ開示して、オープンな場で医学的な検討を重ねることが治療的側面からも、犯罪の予防においても今や重要な課題になっていると思われる。」

私は岩波明氏の文章の後に一言付け加えたい。それは医学的な検討だけではなく、臨床心理学的な見地に立つ論議も必要だということである。

奈良の私立高校生による「母子放火殺人事件」の精神鑑定の内容は、草薙厚子氏執筆の単行本『パパを殺すことに決めた』（講談社）によれば、鑑定医の指摘は「広汎性発達障害」であったという。しかし新聞ではこれ以上のことは触れていない。読者には何のことか分からない。

因みに二〇〇六年十月二十六日の毎日新聞の朝刊に出ている私のコメントの記事を紹介しよう。

「井上敏明・芦屋大学大学院アスペルガー研究所長（臨床心理学）も広汎性発達障害の人は、一度決めたことに固執する傾向がある。父の不在という状況にも、考えを変えられなかったのだろう。また『三人は二階から逃げる』と思い込み、死ぬとは思わず放火したのだと思うと説明する。」

新聞のコメントでは「アスペルガー系」とか「特定不能系」といっても記事として載せにくい。しかし私のように、長年臨床心理の仕事でそういったパーソナリティの持ち主とかかわっていると、犯罪の様子でおおよその見立てができるのである。この毎日新聞では広汎性とは言っているが、専門家の方なら誰もが「アスペルガー障害」と予想していたのではと思えるのである。

例えば、寝屋川市立中央小学校の教諭が、十七才の少年に刺殺された事件が、T高校の放火の前に起きていた。二〇〇五年二月十四日の「寝屋川職員殺傷事件」である。二月の末、A新聞社の社会部記者からコメントを求められ電話で話した。その内容がまとまりFAXで文章が送られてきた。社内原稿締め切り間際である。紹介しよう。

青少年の（臨床）心理に詳しい井上敏明・六甲カウンセリング研究所長の話
少年は高機能性広汎性発達障害の一つ「アスペルガー症候群」特有の症状が見受けられる。極めて高い知能を持ちながらも、親密な人間関係を築くことができず、他者への共感性も欠如している。私が見てきた不登校の子どもの四割もアスペルガーの症状が見られる。集団行動に適応できず、自分の居場所がなくなる。一方で自分の精神状態を常に安定した状況の中に置こうとするから、実際にいじめられていないのに「いじめられるのではないか」という不安を先取りして過剰順応し、学校から遠ざかることになる。こういう人たちの犯行は（まわりからみると）多くは衝動的で、われわれの世界では動機が分からず非常に奇異に映る。通常とは異なる感情の回路を持っており、少年も（自分自身）何故犯行に及んだのか言葉で説明できないと思う。捜査当局に供述するときは、淡々と（正確に状況を語り）難しい話もよどみなく話す。だがその内容は、われわれの感情とはどうしてもオーバーラップできない深い溝がある。

と翌日の記事に載ることになっていたが、キャップからストップがかかり没となってしまったという返事が入ったのである。検察の動きに変化あり、普通の子との判断、「逆送」をも念頭に入れて、ということなのか、新聞社は様子を見たのであろう。そして二日後、多分に「簡易鑑定」の影響かと思われるのだが、検察庁の様子は変わった。結果的に十七才の少年とはいえ、凶悪犯罪と判断「逆送」となったのだが、そういった慌ただしい変化も手伝い、再度同じ新聞社からのコメント依頼があり、前回の文章を骨子とした内容の記事が出来上がり、三人の識者の一人として掲載の運びとなった。

「福島章・上智大学名誉教授（精神医学・犯罪心理学）」

「神戸の連続児童殺害事件の取材もした作家の吉岡忍氏」

私のコメントは次のようなものとなっていた。

「青少年の臨床心理に詳しい井上敏明・六甲カウンセリング研究所長の話

高い知能を持ちながらも、親密な人間関係を築くことができず、他者への共感性も欠如している少年像からは、一種の発達障害があったのではないかと思わせる。こういう人の犯行は周囲からみると、衝動的で動機が分からず非常に奇異に映る。普通なら忘れてしまうほどの過去の些細なことを根に持ち、長年にわたり怒りのエネルギーも蓄積して爆発させる。その後はエネルギーが霧散し、自分でも行動時、行動前の心理状況を理解できなくなるという症例は多い。精神鑑定では発達障害に起因した、犯行時の精神状態が明らかになる可能性がある。」

結局この少年はとりあえず「鑑定留置」と決定。そして「逆送」となり大阪地方裁判所で裁かれることとなった。鑑定は、京都大学と大阪大学の専門医が担当した。そして二〇〇六年十月十九日、判決が下された。懲役十二年という実刑であった。

この日の夕刊N紙での見出しは

「障害が背景に」認定 ― 判決、処遇に異例の注文

と記されていた。検察官の論告求刑は「無期懲役」であった。

判決の骨子は、一言でいうと「発達障害の強いこだわりから犯行に及んだ」と認めはしても、裁判官は「発達障害そのものは犯罪と当然に結びつくものはない」として責任能力を認め十二年としたのである。

鑑定は京都大学側で「アスペルガー症候群」、大阪大学は「特定不能」の診断で分かれた。どちらも

広汎性発達障害のカテゴリーの一つであるのには違いないが、ともかく別のものになってしまった。

先に挙げた名門進学校T高校の少年は、草薙厚子著『パパを殺すことに決めた』によると、「広汎性発達障害の特定不能」というタイプの診断が鑑定医によってなされていた。十月十九日N紙夕刊で判決の結果に関する私のコメントが出た。

「広汎性発達障害に詳しい井上敏明・芦屋大学アスペルガー研究所長の話
刑事罰は妥当かもしれないが量刑は重すぎる。精神鑑定に振り回され不十分な内容の判決という印象を受ける。脳科学に基づく所見や心理鑑定を行うなど、最新の知見を活用すべきだった。多様的に見ないと発達障害の犯罪は分からない。奈良の一家三人が焼死した長男による放火事件など同種犯罪が増えているが、公判が時代の流れに対応できていない。」

この日の午前、判決がでて、その要旨を記者よりファックスで受取り読んだ上でのコメントであった。現在の刑務所で、発達障害系の服務者が専門家に治療、指導ができる体制でないのを裁判官は承知の上で、敢えて医療少年院としないで、これから専門知識を持った刑務官を配置してといったのんびりした判決内容にがっかりの感を抱いてのコメントとなったのである。

因みに高裁へ弁護側は上げたが、さらに重くなり十六年になったことは周知のことである。しかし皮肉なことに奈良の少年は、身内とはいえ三人の死傷者が出たというのに、また寝屋川事件と同じように広汎性発達障害の鑑定を前提にだと思われるが、家裁の決定では医療少年院へ移されることになった。

どこが違うのか。身内の人間への加害と、全く関係のない他人への加害の違いが量刑判断の基準なのか？と思ってしまう二つの事件。双方とも発達障害の鑑定が絡んでいるだけに考えさせられてしまうのである。

簡易鑑定で「アスペルガー障害」と診断？

ところで二〇〇八年三月二十六日、ＪＲ岡山駅のホームで十八才の高校生がサラリーマン（男性三十八才）を線路に突き落とし殺したという事件が発生した。

動機は、進学を絶たれ、将来がなく、刑務所へ行くしかないので犯罪を、という理由だったとか。報道はテレビも新聞も大きく取り上げた。私のコメントが二つの新聞社で記事となった。

Ｙ紙では「若者に深い孤立感」、Ａ紙では『負の思い』増幅の果て？」。

この事件で異例と思える検察側のリークがあった。少年は「アスペルガー障害」であると。それも簡易鑑定の段階であるのに、である。珍しいというより、まずこれまでの経緯ではこのような診断名までの発表は皆無だったのではないか。それほど鮮明に犯人がアスペルガー障害と分かったというのであろうか？

日本の国のいたるところで、奇異と思える犯罪が多発していて、最後は広汎性発達障害系の診断名と鑑定されている現状に注目すると、犯罪評論家として大家のようにもてはやされている著名人の発言で、アスペルガー系の知見がないとさっぱりその内容が分からないといった珍現象も起きてくる。その例が、肩書として犯罪心理学者と書かれているS氏の論評である。氏は最近の凶悪犯罪多発には三つの背景があると、次のように説いている。

まずこれらの犯罪を「無動機的心理」によるものとして、欧米でも注目と紹介し、男性中心、比較的学校の成績は良い、資質は持っているが家庭や学校でトラブルに巻き込まれて育ったが故にストレスに弱いと。こういった負因を前提に、一．家庭構造の変化（脆弱）、二．挫折の後の敗者復活の可能性、三．対人関係が育たない最近の日本社会の状況が背景となっていると説く。

更に「元々甘やかされて苦労知らずに育てられた彼らは自己中心的であり、社会的孤立から情緒的交流への志向を失い、自らの境遇が不当」と思いこみ、人類に対する憎しみに至るというのである。

このような犯罪として最近の奇異な犯罪の背景を氏は論評しているのだが、それだけでは解明に至らないのではないか。元々犯人像に共通するキャラクターが外界との接触の際、意識の反応に別人の感を覚えるという特性を持っているといえるのである。

反社会か自閉か

例えば「死刑になりたくて人を殺した」というのは、S氏によれば反社会的パーソナリティだと主張する。私はそうではなくて、自閉的パーソナリティであると主張する方が了解しやすいと考える。彼らの意識の世界「自閉」の世界なのである。

自閉とは何か。単に内に閉じこもるということではない。そうではなくて、アスペルガー博士の言によれば、生まれながら「人と人を結びつける機能が根深いところで妨げられている」のであって、多くの周りの人間の意識体感と自分のそれとがオーバーラップしにくく、大多数の人間の感じ方と違った見方や感じ方をしてしまうという負因が事の重大さと結びついているのだと考えるべきなのである。

奈良の進学校T高校生の放火殺人のその背後に、字義どおりに感知してしまうというリスクファクターが犯罪の要因だと鑑定医が指摘していたことを先に紹介した。身近で同じような反応で、法に触れるところまで踏み込んだ事例があった。

二十三歳のアスペルガー系青年が、キャバクラの女性と少し深い付き合いとなった。ある日彼女がそのY青年に愚痴を漏らした。「あのお客さん、来たらたくさんお金を入れてくれるのでよいのだけど、何時も『また来るよ』と帰り際に言うので信じて待つのに、なかなか来てくれない嘘つきのおじさんだからストレスが溜まる。」

そう耳にしたY青年「それは約束違反、言いに行ってやるわ。名前を教えてくれ。」と彼女に告げたところ、貰っていた名刺を彼に渡したのであった。妙な義侠心も働いたのか、「嘘をついた中年男」と思い込み、客の会社に乗り込んだのである。幼いといえば幼いのだが、大学の成績は上位で所属の大学も評価が高い、いわゆる頭のよいと言える青年であった。にもかかわらず、「日本の社会でのノンバーバルコミュニケーション（非言語表現）の構造」が頭の中に入っていかないのである。「お前は人の言ったことを言葉どおりに取るからつまずくのだ」とか、「パニックになるんだ」と忠告されても、それがどういう意味なのか了解できないのである。

アスペルガー人間の特徴の一つに、想像性の欠如という指摘がある。結果的にはそうなのだが、想像性というのでなく回路が違うのであるから、インプットされた相手の感情の裏表の言語が二つに重ならないで一面しか見えてこないのである。

日本人の日常生活の対人関係の言語は、バーバルなものとノンバーバルが表裏一体となっている。欧米の文化は、「はじめに言葉あり」で、しかも言葉は「神」でもあるのである。アメリカの国会議会場で大統領就任の際、聖書に手を置いて神に誓うサクラメントは、言葉でつながるということを意味している。「あうん」の呼吸の腹芸は通じないので、米国人は日本人を「ズルイ」と評していることは周知のことである。

字義どおりにしかとれない、独自の思考を持っている。人から学ぶことをしない、と言った我関せずの世界を構築すると、時として天才の偉業と評されることに。しかし、その自閉的世界が極度に歪むと、周りの社会の空気を読めない故に犯罪に陥り込み、異常の世界にいて平気という感覚がむき出しになるのである。

そういえば愛知県の豊川市で成績の良い高校生が「主婦を殺してみたい」という動機で、実際に殺害してしまった。

二〇〇三年大阪で、大学生と女子高生が意気投合して二人になって生活しよう、まではよかったものの、男性の家族と女性の家族を皆殺しして、その後空いた家で生活することにして、まず始めに男の家族を殺すといった、奇妙な事件が起きた。Y紙の私のコメントは、二人でユートピアを作ろうとしたことに関し、次の様であった。

臨床心理家の井上敏明さんは、「理屈に合わない理由と行動に、神戸市の連続児童殺傷事件や長崎市の幼児誘拐殺人事件と共通するある種の発達障害の傾向がうかがえる」という。「二人は日常的に対人関係の不適応感があったのだろう。本来ならどちらかがノーという筈のところ、特有心理状態を背景に同じ方向に向かってしまった。非行の延長線上あるいは道徳的、倫理的に捉えるべきものでなく、子どもの特性をいかに理解して育てるかという問題だ」

成育史に謎を解くカギが

二〇〇〇年十二月号の『文芸春秋』に「バスジャック少年」のタイトルで親の手記が特集として掲載されている。これによると、広汎性発達障害のカテゴリーの一つ、アスペルガー障害系の特性が顕著に出ているのが分かる。

広汎性というのは、従来の自閉症をひとくくりにした名称である。①自閉症　②小児期自我崩壊　③レット障害　④アスペルガー障害　⑤特定不能　の五類型をカテゴリー化しているのがＤＳＭの分類である。これまで触れてきた犯罪事件のそれぞれの事例の犯人像は、これらの④と⑤、ひと言でくくると「高機能自閉症」ということになる。Ｓ犯罪評論家が指摘している凶悪犯罪で、高い知能の人間群との指摘はこのカテゴリーに入るといえるのである。

さてその特徴はどういうことか、と問う前に、バスジャック少年の生い立ちを見てみよう。手記の中でとりわけ目についたところを拾ってみた。

1．幼稚園で「おはよう」と上手に挨拶出来ていたのだが、担任の先生が見つかるまで探し回り、見つけると必ず挨拶したとか、他の園児や先生たちにも声掛けしていたという。アスペルガー特有の「常同性」である。

2．幼稚園で親が気がかりだったことで「息子が園児たちと一緒に遊んでいることよりも、一人で虫取りなどしていることが多かったところです」

アスペルガー博士は言う。

「才能ある自閉児童は、大人からほとんど何も学びません。自分自身から全てを創造するのです。そこでは鋭く迫る自然観察、また小さい子どもでありながらすでに抽象的な問題、数学的な問い、哲学的な問いをすることに興味が出てきます。勿論多くの場合は、これらの子どもが興味を示すことは、現実の広がりではなくて、ただ本当に小さい切抜きのようなものであり、狭い専門分野です（硬貨や紋章、毒や電車、時刻表など）。『ファーブル昆虫記』もこのような特異なキャラクターの持ち主だったファーブルだから偉業を成し遂げたのであろう。

3．固執性、執着性が人並みでは予想がつかないほど長続きするのである。（彼は蟻、団子虫、カブトムシ、カタツムリ、ザリガニや亀好きで、自宅の庭で飼っていたという）

まわりの園児とはとけ込めなかった。そのためか小学校の六年の頃には「人に合わせるのは疲れるから、一人でいた方が楽だよ」と語っていたという。

4．父親の話で、「もう一つ気になったのは、会話が長続きしない、広がらないということです。自分が言いたいことだけを言い、聞きたいことだけ聞くといった感じなのです。下の子は長男と反対に友だちも多く、運動も得意で社交的でした。」と語っている。

5．いま一つ見逃してはならないのは「字義通り性」である。父親は次のように。「その日息子は音楽室に筆箱を忘れ、同級生に『僕の筆箱知らない？』と聞いたところ、『返してほしいなら踊り場から飛び降りてみろ』とはやしたのです」。弟と違って運動に不器用なのを知っていて、自信はないのに結局飛び降り大怪我、救急車で病院へ、第一腰椎圧迫骨折と診断されたという。二ミリ骨折の場所がズレていたら半身不随になる恐れもあったとか。

6．成績は尻上がりに良くなり、中二の時は学年で二番だったと記されている。

このような唐津バスジャック少年の成育史を念頭に入れて、アスペルガー障害の内容と照合してほしいのでそのままを載せることにした。

A．以下のうち少なくとも二つにより示される対人的相互反応の質的な障害

(1) 目と目で見つめ合う、顔の表情、体の姿勢、身振りなど、対人的相互反応を調節する多彩な非言語的行動の使用の著名な障害

(2) 発達の水準に相応した仲間関係を作ることの失敗

(3) 楽しみ、興味、達成感を他人と分かち合うことを自発的に求めることの欠如（例：他の人達に興味のある物を見せる、持って来る、指差すなどをしない）

(4) 対人的または情緒的相互性の欠如

B．行動、興味および活動の、限定的、反復的、常同的な様式で、以下の少なくとも一つによって明らかになる。

(1) その強度または対象において異常なほど、常同的で限定された型の一つまたはそれ以上の興味だけに熱中すること

(2) 特定の、機能的でない習慣や様式にかたくなにこだわるのが明らかである

(3) 常同的で反復的な衒奇的運動（例：手や指をばたばたさせたり、ねじ曲げる、または複雑な全

身の動き）

(4) 物体の一部に持続的に熱中する

C. その障害は社会的、職業的、または他の重要な領域における機能の臨床的に著しい障害を引き起こしている。

D. 臨床的に著しい言語の遅れがない。（例：二才までに単語を用い、三才までにコミュニケーション的な句を用いる。）

E. 認知の発達、年齢に相応した自己管理能力、（対人関係以外の）適応行動、および小児期における環境への好奇心について臨床的に明らかな遅れがない。

F. 他の特定の広汎性発達障害または精神分裂病の基準を満たさない。

宮崎勤は発達障害

さてここで猟奇的犯罪、女児殺しで死刑の判決が出て二年四ヶ月後の二〇〇八年六月十七日処刑された宮崎勤のニュース記事に目を移したい。事件発生から二十年も経過しているという二〇〇八年六月十七日の夕刊「読売新聞」社会面では「心の内見えぬまま」という見出しで報道していた。その記事の端に二人の識者のコメントが次のように掲載されていた。

「動機未解明は残念

宮崎死刑囚の裁判を初公判から上告審まで傍聴した作家佐木隆三さんの話

戦後の犯罪史に残る悪質かつ残虐な事件で、死刑執行は当然だ。法廷での彼はすっとぼけたような態度で、こちらが振り回され続けた印象ばかりが残っている。責任能力が争われたが、（宮崎死刑囚は）精神障害を装っていたのだろうと思う。最後まではっきりした動機はわからなくなったが、事件後に類似事件が数多く起きたことを考えれば、動機の解明ができなかったことは残念だ。」

「外の世界に無関心

死刑確定直前の二〇〇六年一月に八回、宮崎死刑囚と面会した長谷川博一・東海学院大教授（臨床心理学）の話

面会で宮崎死刑囚は『死刑にならない。いずれ分かる』と繰り返していた。彼が動揺を見せたのは、死刑が確定すると文通などが制限されると伝えた時。目を左右に激しく動かして『これは困ったな』とつぶやいた。彼は外の世界に無関心。空想の世界を満たす、アニメ雑誌などの差し入れがなくなることに動揺したようだ。彼は死刑の意味を理解していなかったと思う」

佐木隆三氏は作家の目で傍聴し続けたその印象から、被告人の宮崎勤は頭はいいが何時もとぼけていて、精神障害を装っていたという思いを述べている。

また臨床心理士の長谷川博一氏は、死刑囚となってからの宮崎勤と八回の接見をした経験から、「彼は死刑の意味を理解していなかった」と。

この二人のコメントから私は、やはり宮崎勤は元々「おたく」的な発達障害のパーソナリティであったと印象づけられたのであった。そう考えてもほぼ間違いないと判断できる根拠は、宮崎勤が幼児殺害の被告人として裁かれた、第一回の公判ですでに出ているのである。

刑事裁判の第一回（一九九〇年三月三十日・東京地裁刑事第二部）では必ず裁判長は人定尋問をすることになっている。姓名・生年月日・年齢などを確かめることから始めるのである。佐木隆三著『宮崎勤裁判（上）』（朝日新聞）にその様子が書かれている。

—名前は？

「宮崎勤」

—生年月日は？

「一九六二年八月二十一日」

—満で何歳になりますか。

「マンって、意味がわからない」

—つまり、二十七才だね。

「はい」

—職業は？

「会社員」

両手をだらりと下げて立ち、ぶっきらぼうな口振りだった。色白で端正な横顔は〝無表情〟と表現するほかない。『広辞苑』に「表情」は、「心中の感情・情緒を、外貌や身振りに出しあらわすこと」とある。

この人定尋問が終わって、検察官が「起訴状」を朗読した。

検察官の冒頭陳述で起訴状が読み上げられた後、裁判長はその内容について被告人について尋ねるわけだが、大半は「間違いない」と答えているというのが法廷の日常である。しかし宮崎勤被告人ではそれが少々違っていたと佐木隆三氏は著書に記している。

「＝猥褻誘拐、強制猥褻＝」

この「起訴状」朗読を、宮崎は証言台に立って聞き、裁判長に黙秘権を告知された。

『この法廷で発言したことは、君にとって有利な点、不利な点、すべて証拠になる。したがって、言いたくないことは〝言いたくない〟と断って、質問に答えなくてもよろしい。また、意見を述べたいときは、遠慮しないで発言しなさい。分かりましたね？』

『はい』

『起訴状に書いてあることに、間違いはないかね？』

この罪状認否では、たいていの被告人が『間違いありません』と言って頭を下げる。多少ニュアンスの違いはあっても、最初から改悛の情を示して、裁判官の心証を良くしようとするのだ。

しかし、事前に『起訴状』を読み込んでいたらしい宮崎は、検察官の朗読中苛立たしげな素振りを見せていた。

『誘拐を企てたとか、殺意をもってとか、そういうところは間違っている。（Eちゃんに）裸になってね、とは言っていない。（八王子で）性的欲望を満たす目的、というのは違う。全体的に、醒めない夢を見て起こったというか、夢を見ていたというか…』

『公訴事実の訂正を求める？』

裁判長が一つずつ確認すると、宮崎は最後に言った。

『（A子ちゃんの）両手と両足を投棄したというのは間違い。両手は自分で食べた。両足は、家に出入りするキツネかネコに食べられたと思う』

まさに〝衝撃の発言〟だが、本人は相変わらずの無表情で、その直後に弁護人が朗読した『意見書』に聞き入った。」

殺しはしたが「誘拐とか殺意」は無かったと主張しているのである。このような応答振りを見ていて佐木隆三氏は「たぶらかしている」と認知している。

多くの高機能自閉ともいわれている知能が高いアスペルガー障害系のパーソナリティの若者と臨床的にかかわって思うことは、彼らの発言には総じて裏表が無いという共通点である。本人たちは自分たちの回路で、感じ思っていることをそのまま言ってしまうから、周りとの間に摩擦を起こすことになるのである。

アスペルガー博士は言っている。

「これらの子どもは、しばしば自生的な関心事を緻密なやり方で観察し、観察される自分自身、つまり自己の内的、自律的事象に聞き耳をたてるのです」

だから、と敢えて強調したいのだが、自分の感じたまま、己の主観で認知したまま、思ったまましか出せないので、大多数の人間の常識的視点で見る限り、何か変と思える印象を与えてしまうわけである。

更にアスペルガー博士の言を紹介すると、

「普通なら何を話すか、何を黙っておくかは情動レベルで決められ、自分がしでかしたこと、その子にとって不利な状況をもたらすであろうことは、不都合な結果を恐れるあまり白日にすることは用心するものです。危機的状況になれば嘘をついて嫌疑を逃れるということは普通の行動なのです」

ところがアスペルガー系のパーソナリティの人間は、逆にそういった発想ができなくて、「周囲からの影響を受けにくいこの種の子どもの学び方であります」というアスペルガー博士が説くように自分の感じたままでしか表現しない。まわりの空気を読む能力が欠落しているが故に、である。検察官がそういっているならそうしておこう、という妙な妥協をするのが有利といった発想が湧いてこない。それ故に、冒頭陳述書に対しての裁判長の尋問に答えた内容は、佐木隆三氏にはごまかしとしか映らなかったのであろう。

我々のような臨床心理の現場で多くのアスペルガー人間と接していると、直感的にこの応答で「発達障害」と判断する。その知見を持たない人には、佐木隆三氏のような認知となるのが当然なのかもしれない。そして長谷川博一氏の「死刑のことが理解できていない」というくだり、すでに現実認識の世界からバーチャルの世界に身を置いているともいえなくはないが、これまで何度も指摘したように、宮崎勤のようなアスペルガー障害系人間の認識傾向は、確かに独自思考に固執しているあまり、周りの声に耳を貸さない。「死刑」が決まっているにもかかわらず、アスペルガー博士の言葉を借りると「彼ら自身が自分本位」の世界に入り込んでいるから、まわりで法的に正当性をもって処分を決めて、当人にこうなったのだと説き聞かせても、高機能自閉の典型人の回路にはインプットされることが困難だということが、長谷川博一氏のコメントが十分に語っているということになるのではないだろうか。まさにアスペルガー障害の、皮肉なことだが真骨頂を見る思いがしてくるのである。

心理所見から

このような見方が具体的に臨床の中で生かされるとすれば、裁判中の被告人の「心理所見」の一文を読んで下さると、その見方がよくわかる。そこで私が記述した強姦未遂罪で起訴されている被告人の心理所見を紹介したい。

―被告人の心理所見―

まえがき

二〇〇七年〇月〇〇日、〇〇〇〇被告人の国選弁護士担当、〇〇〇弁護士より右の内容の依頼を受けました。

「当職としては上に述べたとおり、被告人が発達障害であるのか、その障害が本件犯行にどのような影響を及ぼしているのか、また被告人に発達障害が認められるとして、そのことと被告人のアルコール依存症との関係、更には被告人の発達障害とアルコール依存症並びに服用していた薬の影響はどのように考えるべきであるかという点です。以上お願い致します。」

回答

一、発達障害の疑い

まず申し上げたいことは、弁護人が被告人との接見において、「この男性、普通と違うのでは」と疑念を直感的に抱かれたこと、鋭い洞察でありました。

周知のことですが、依頼文中発達障害と指摘されていますのは、「広汎性発達障害」のカテゴリーの中に、アスペルガー症候群があります。

弁護人の文章から受け取れるコンテクストに関する限り、「自閉症スペクトラム」と概念化されています。広汎性発達障害の範囲内の、とりわけ「高機能自閉症」を念頭に入れておいでのように筆者は受け取りました。

高機能自閉症といいましても、その知能の程度は知能指数70代以上をも含めているのが臨床心理学的見解となっています。その領域の上限は、アインシュタインやニュートン、哲学者ではカントやヴィトゲンシュタインなども、強いていえば「高機能自閉」のカテゴリーに入るとするのが現状です。外国文献では、こういった天才群のパーソナリティに関し、音楽家系のモーツアルト、ベートーベン、バルトークなどを含め、アスペルガー症候群のカテゴリーに入れて研究者は記述しております。（『天才の秘密』著者：マイケル・フィッツジェラルド、監訳：井上敏明）

さし当り、被告人に関しては学力レベルが低い、しかし知的障害にまで至らない一見普通の知能の持ち主であると判断される供述書内容から、筆者は広汎性発達障害系の特定不能のタイプと予見し、神戸拘置所にて二〇〇七年〇月〇〇日午前十時より約70分程度の接見の時を持ちました。

二、接見を通して見た被告人のパーソナリティ

筆者は予め文部科学省が教育行政の新しい取り組みとして特化しております「軽度発達障害」（注意欠陥症。学習障害、注意欠陥多動症、アスペルガー症候群）の四パターンの心理診断のために、筆者が試作しています40問のインベントリーを持参し、接見室に入りました。

弁護人より既に知らされています
1.「仲良し学級に入れる話もあった」
2.「中学卒」で終わっている
3.両親は被告人の言動で違和感を抱いていた
4.幾度かの転職の経験
5.離婚の諸理由
等の内容を念頭に入れた時、今風に言えば「特別支援教育対象」のパーソナリティであったと推測しましたことから、この質問紙を所見の中核にと考えました。

外観的所見は次のようなものでありました。
1.アスペルガー人間に見られる特徴の一つ、15才から20才若い印象の外見。
2.この若さの背景にある自閉症スペクトラム系人間、とりわけ広汎性発達障害の一類型「特定不能タイプ」同様、嘘をつくといういわゆる裏表を意識的に使い分けることが出来ないため、心的複合性即ちコンプレックスが内的なものとして構築されないため、年齢相応の顔面表情が幼いまま固着するということにあります。被告人はそのタイプに該当するといえます。
3.視野狭窄的でこだわりの顕著な固執性が見られます。
広汎性発達障害の特性でもあります性癖は、固執性、固着即ち極度のこだわりの持続にあります。一般的に「空気の読めない人間」は対人関係のスキルの欠如のため、適応障害に陥るといわれますが、いま何が肝要なのかに思いがいかず、気になることに何時までも執着、その話題はこの段階では持ち出すべきでないと思えることを「平気で」というか「イノセント」的に出して来て、相手の思いに違和感を与えて周りを嫌悪、拒否感などの感情を抱かせてしまいます。

いみじくもこの点に関し弁護人は次のように指摘をされています。

「現在被告人には同年代の友人のみならず、その中学生以外の友人もいないようです。（中略）また話をし出すと冗長になりがちであり、細かなところにこだわる傾向も認められます。具体的には、接見に行った際には事件のことよりも免許の更新のことが気になっており、刑務所に入っている間に免許更新期間が過ぎたらどうなるのか、どう対処すればいいのかなど何度も問われたことがありました。」

一つのことが気になるとその一点にだけ思いが執着し、状況判断能力が中断、盲目的執拗性の世界に陥り、容易に抜け出せないという特異な言動が自閉症スペクトラム人間の悲劇の一つといえます。

4．状況判断を困難にさせる「場の空気が掴めない」字義通り性と固執性の特異な複合的心理傾向。被告人の問われている罪状は一三歳の女子中学生に対する「強姦未遂」です。

供述書には一貫して、被告人の強姦を前提とした暴力的脅しで目的を遂げようとした自供が見当たりません。広汎性発達障害系の特定不能タイプ及びアスペルガー症候群タイプのいわゆる自閉スペクトラム人間の字義通り性は、精神医学的見地からも定説となっていますが、被告人の語る供述の流れはそれに沿ったものと推察できます。

例えば、ロリータ願望や性的かかわり方で取調官が幾度も、その辺りの被告人の特異性を尋問していますものの、その反応は普通で偏りがないと答えています。

何を取調官が尋ねたいのか、その裏を読み取る能力の不足が供述調書の対応で顕著に出ています。取調官にとって被告人が欲望を満たすために選んだ被害者が初潮も未だ、二次的性徴の判然としない未成熟な一三歳の女子中学生を選んだこと、そのことがロリータ心理であり逸脱性行為の異常であるという確信を立証すべく尋問し続けているその意味が了解できないまま、正直に自分をさらけ出している様子が見えてきます。空気の読めない、字義通りタイプの自己中心的視野狭窄性は、被告人特有の自閉症スペクトラム系人間の典型を無意識に演じているといえなくはありません。

接見中において、被告人の話すその態度は一貫しており、その都度状況を勘案してとか、あるいは対応するということのできないヒューマンリレーションの欠如したままの姿が印象的でした。しかしながらこのような裏表を勘案することが出来ない受け止めでは、罪を犯した人間として深く反省し、悔い改めようとしているといった常識のカテゴリーで態度を変容させることは不器用、時には動揺すらしない悪質な人間とも受け取られてしまうということに気づけないのが、発達障害特有のパーソナリティであると言えます。

三、接見を通して見た被告人の広汎性発達障害の程度

持参した「軽度発達障害診断尺度」のリサーチと接見室でのやりとりで、被告のアスペルガー的特性の次の傾向を読み取ることが出来ました。

①○月○日の日付をよく記憶しており、数字での表現が多い。

②抽象的質問に対して理解がしにくい。

③本質的に女性的優しさがある。どちらかというと、男性、女性の明確な線引きより、やや中性的なところを思わせる。

自分理論で進む傾向。自分流の思い込みが強く、正義感が強いが自分の理論に終始する。文章内容の筋道の立て方と情緒的幼稚さのギャップ。

④ことば表現の稚拙さ。

⑤年上だからとか肩書があるからといって表面上の尊敬をすることはない。年齢の差が人間同士のかかわりで差があるとは分かっていない。

⑥年齢より若く見える。

⑦緊張。二次的症状。オーバーストレス下で生じている吃音、不安感。
⑧尋常でない恐怖心。
⑨混乱。まとまりのない話の仕方。
⑩目線が合いにくい。
⑪他者との関わり合いの困難。
⑫質問に対して、答えが具象的な話に流れる。
⑬律義さ。表裏のなさ。
⑭言葉、単語へのこだわり。
⑮最初に悪意、被害的傾向。
⑯ストッパーが効きにくく、ずるずると、とりとめなく同じ行動をする常同傾向の存在。
⑰知能や年齢からして、当然羞恥が優位に働くだろうと思われる状況で、周囲に構わず　子どものような泣き方をする。
⑱不安と恐怖が強く、捉えどころのない恐怖心でパニックになる。
過度に律儀。柔軟性がなく不器用である。

四、発達障害を伴う被告人のパーソナリティ

「まわりの空気が読めない」人間が、日本の社会ではいじめの被害者になり易いという事実は多

くの事例で証明されています。社会概念のコンセンサスでは、偏差値が高い低いにかかわらずこういう類いの言動を有していて、そのことに自ら気付いていない人間ほど、どうしていじめに遭っているのかさえ認知できずにいて、結果的に悲劇的な追い詰められで被害者になっている現実は周知のことです。被告人も程度の差こそあれ質的に同じか、と接見の結果判断いたします。

では今回の事案とどの点で関係があるのでしょうか。

①相手が一三才でありましても、とりあえずこれまでの事情から本人にとっては、全く知らない人間でなく間接的関係として受け止め、当人にはさして初対面という意識がなかったと推測いたします。

②例え幼くても容姿が別れた妻に似ていたこと。

③相手が未成年で一三才の初潮もあるかないかの性的にも未発達であるにもかかわらず、そういった視点での判断が出来ないこと。

④欲求を満たすことだけに思いが集中する状況判断に広がりがないので、前後の認知が遮断されること。

⑤広汎性発達障害の中の「特定不能」ないし「高機能自閉」に類する人間の問題の中核にあるところの、「いまの自分」が何をして、そのことがどういう結果になるのかという洞察の認識レベルが低いこと。

⑥外目には裏表のない、一見誠実で正直、優しそうでソフトに映るため、まわりは防衛しないといった対人間関係現象が、本人には相手が自分を容認していると勘違いしてしまうところがあります。本来小心で神経質、怖がりで意志の弱いパーソナリティであるにもかかわらず、全く無防備の状態の中学生をターゲットに、欲求の対象として受け入れられるものと自分本位の誤解がこの度の行為発生の機序の一番の理由と推測します。

したがいまして結果的に強姦未遂であり、強制わいせつ行為のカテゴリーの犯行と断定されても致し方ないとはいえ、心理所見の観点ではそのような相手に強迫的危害を与えてでも目的を達するということに至ったものではないといえます。

その証拠に、亀頭を挿入する前に被告人は、射精してしまっていたという点は無視できません。当初より強姦という意図が強いのであれば、これまでのたくさんの刑事事案が例証していますように、被害者の身体の損傷を伴うか、心の傷を負わせる脅迫という強引な手段で完遂を衝動力に押されて果たしたのではないかと推測いたします。

あとがき

被告人のような広汎性発達障害系人間のパーソナリティの中核に、怖がり、小心、鋭敏感覚、優しさ等のキャラクターが潜在化しているのが通例です。

七〇分の接見のプロセスで感受しました被告人の態度・言動には、予想以上の反省心が無理なく表出されていたのは、臨床家としてのかかわりが防衛的対応を必要としなかったのでは、と考えます。

しかし残念ながらヒューマンスキルに恵まれず、幼少からまわりに違和感情を抱かせる変わり者で、まわりとの付き合いも稚拙であり、気がつかないところも手伝い、結果的に同年齢に近い世代での対人関係では成就せず、年齢差が極端に上か下かのタテのかかわりに移行し固着します。老人に可愛がられ、幼少者には優しい人間と思われがちです。

このようなパーソナリティであるが故に、被害者の女子中学生も、被告人がよもやそのような行為に出るとは予想していなかったのではないかと推測します。しかしながら刑事事案として成立させるためには、その筋書きも必要という経験上の見地から警察供述調書が作成された、という経緯があったのではと推測せざるを得ない点を強調いたします。

最後に、アスペルガー症候群の被告人のような特異なパーソナリティにふさわしい適職が、認知症などの介護職です。常同的、固執性、執着性、律義、裏表のない特異なキャラクターであるが故、醜い、汚いといったごく常識的判断は後回しとなり、老人に好かれ、時間通りに仕事をこなし、分け隔てなく汚物を処理する能力にその特異性が還元されるという現状に多々接することからも、将来そういった福祉の職業に向けての努力をすることで社会への適応は可能性があると推測いたしま

した。どうかその点も勘案頂きまして、被告人のパーソナリティに対するご理解のこと期していま
す。
最後にもう一言、接見での私の感触では、再犯の可能性はほぼあり得ないほど、逮捕・留置・拘
置の体験が本人のパーソナルな変化を触発したのでは、と判断いたしましたことを添えて、終わり
といたします。
ＰＳ１
被告人がアルコール中毒による適応障害のため、県立○○病院に入院した経緯の背景は、アスペ
ルガー症候群人間の「二次障害」の典型と考えられます。
対人関係の行き詰まりからストレス負因に追い詰められた人間が口にするアルコールは、ある種
の精神安定剤の抗うつ薬的効能があります。
因みに米国では、診断を受けたうつ病患者が六○○万人、更に、高額な医療費が払えないうつ病
患者が六○○万人、計一二○○万人のうつ病患者が顕在化しているといわれています。アルコール
中毒患者の大半が、うつとの戦いを強いられている類いの人間、被告人もその一人であったと指摘
できます。
ＰＳ２
診断

日本の臨床心理学会の現状では、心理士が「アスペルガー症候群」あるいは「アスペルガー障害」と診断することにためらいの渦中にあります。しかしながら、精神科医なら的確に診断できるのかと言えばこれもまだ曖昧、確実性に欠けるのが実情です。理由は、医学的所見で判断できるスキルが皆無だからです。今問われているのは、①表情　②態度　③言動　④知能　等を勘案して「DSM」「ICD」の診断基準に沿うかどうかで決めています。でありますと、心理系、医学系人間の診断は共に決定的違いはないと判断します。その限りにおいて、筆者が長年の臨床経験を前提に心理所見として記載出来る限り、被告人は「アスペルガー症候群」と断定することが出来ます。

弁護人　弁護士〇〇〇様

芦屋大学大学院アスペルガー研究所所長

臨床心理学博士　井上敏明

二〇〇七年〇月〇〇日

動機と状況の説明の食い違い

ことほど左様に発達障害の犯罪者の動機は分かり辛いのである。熊上崇氏（東京家庭裁判所調査官）が「広汎性発達障害を持つ非行事例の特徴」として『精神神経医学雑誌』（一〇八巻第四号）

に、広汎性発達障害群と一般の非行群との異同について論評しておいでなので、その要点だけいくつか取り出してみたい。

「ＰＤＤ（広汎性発達障害）を持つ人の場合、対人接近を試みる際に、その対人相互性の障害から、時と場所、方法をわきまえず、単にビデオや本などの情報を模倣して接近を実行した結果、性非行として司法事例化することがあると思われる。つまり、ＰＤＤの人に特有の性的関心があるわけではなく、むしろ接近方法の過誤という形式的側面が問題と思われる」

「しかしＰＤＤを持つ場合は、定型発達者に見られる直接的動機よりも、傷害の特有が司法事例化して現れるのであり、性的欲求の発露が性非行に結びつくというような、定型発達者の起こす非行機制とは異なる非行発生機序があることを理解すべきである」

「とりわけ高機能者が対人・異性関係を結ぼうとする場合や『理科実験型』の場合、微妙な対人関係や社会内での臨機応変な振る舞いが理解しにくいため、自ら探した手本を模倣することがよく見られる。その場合、適切な指導者による手本や手順の学習が行われず、先に述べたようにビデオや本、インターネットなどの情報を無批判に模倣してしまった結果、法に抵触する場合がある。この際の手本がアダルトビデオやホラー映画などの場合は、触法事例化した際に、社会の耳目を集める特異な手口になる場合があることに留意する必要がある」

心理所見提出後平成〇〇年〇月〇日神戸地裁第三回公判にて証人として出頭、心理鑑定の立場で発言した。その内容は次の通りである。（被告人は強姦未遂・青少年愛護条例違反に問われている）

速記録　（平成〇〇年〇月〇〇日　第三回公判）
事件番号　平成〇〇年（〇）第〇〇〇〇号等
証人氏名　井　上　敏　明

弁護人
まず先生の経歴ですとか、どのようなお仕事をされているのかということからお伺いしますね。まず先生は今、臨床心理学博士という博士号を持っておられるんですね。

はい。

弁護人
現在、先生はどういうお仕事をされてるんでしょうか。

はい、一つは、芦屋大学のアスペルガー研究所の所長をしております。で、いま一つは、大学院の特任教授をしております。それ以外に、もう四〇年ほど前から　六甲カウンセリング研究所を、これは私が主宰でございますけども、長い間続けておりまして、その所長も兼任しております。研究他には、様々な形で、兵庫県警の顧問だとか、色々なカウンセリング活動をしていまして、現在約十八人ぐらいのカウンセラーの方が所属しております。

弁護人
まず、今出ました六甲カウンセリング研究所というのは、どういうカウンセリングをされてるんでしょうか。
はい、小さいお子さんから高齢者の方まで、分かりやすく言いましたら、現実生活上の適応障害という状況に陥られて、お困りになった方に対して、私どものような心理学的、まあ、臨床でございますけれども、立場でサポートさせていただくのが私たちの仕事かと思っております。
弁護人
六甲カウンセリング研究所でのカウンセリングというのは、もうどれぐらいされてるんですか。
始めましてから約四〇年近くになろうかと思います。
弁護人
それから、芦屋大学大学院の教授もされているということでしたね。
はい。
弁護人
芦屋大学というのは、元々はどういう学部があるんですか。
現在は臨床教育学部という学部です。教育学部はいろんなところでございますけれども、臨床と頭に付けました学部は、多分、日本では芦屋大学だけかなと思っております。

弁護人
その芦屋大学の中に、アスペルガー研究所というのが設立されているんですか。
ええ、大学院の所属の研究所であります。
弁護人
芦屋大学内のアスペルガー研究所というのは、どういう構成になってるんですか。
はい、精神科のドクター、この方は大学教授でありますけれども、研究所員の中には、医者と臨床心理士を含めまして、メディカル系の仕事とサイコロジカルの仕事の専門家が集まった研究員が、一月一回集まりまして、話し合いながら業績を発表しております。
弁護人
あと、教育学者ですとか社会学者というのも構成に入ってるんですね。
はい、そうでございます。
弁護人
で、先生はその研究所の所長という立場にあられるということですね。
はい。
弁護人
『アスペルガーの子どもたち』という本であったり、『適応障害とカウンセリング』というような本も、先生は、書かれてますね。

はい。

弁護人
で、先生はこれまで何度か、刑事裁判などで心理鑑定を行った経験もおありですか。

はい。

弁護人
もう簡単にで結構ですので、どの程度されたことがあるか。

はい、分かりました。数は、かなりありますけども、単純に申しあげましたら、殺人事件の事案からストーカーの事案まで、一〇件以上超えてるかと思います。

弁護人
いよいよ発達障害についてお教えいただきたいんですけれども、近時、高機能広汎性発達障害であるとか、アスペルガー症候群であるという用語がよく用いられるんですけれども。まず、その意義や概念について、教えていただきたいんですけども。

高機能広汎性発達障害というものは、どういうものだと理解すればいいんでしょうか。

はい。例えば、寝屋川の事件とか、東大寺学園の高校生の事件です。いろいろな事件の裁判の経過が出たり、判決結果が出ますけれども、新聞のどこかの箇所に、広汎性発達障害の説明が出ています。で、広汎性発達障害って、新聞のある箇所に書いてあるんですが、判決内容は、”実は特定不能でした“ないしは”アスペルガーでした“というようなとらえ方で書いてありますので（新聞記事）、読者は大変、混乱されるというところがあります。

弁護人

次に、広汎性というのはどういう意味なんでしょうか。

はい、広汎性というのは、自閉症を一くくりにしますと、先生が今御指摘のように、低なのか高なのかとなりますが、やっぱり、知能からいうと低から高まであるとしますと、自閉症の中の、例えば、いわゆる純粋の自閉症、それから小児期に自我が崩壊した自閉症、それからレット障害というのがございます。例えば、レット障害は、一〇万人のうち七、八人といっておりまして、一生涯、知能が一才ぐらいしか伸びないんですね。で、そういうふうに、今申し上げた三種類は、明らかに知能が低い方が多うございます。ただ、その中に、自閉症でも、例えばＩＱが五〇台とします。まあ、五六でもよろしいですね。ところがどういうわけか、カレンダーサバンなんていいまして、二〇年先の今日は何曜日というと答えるような、そういう記憶が異常に発達した人がいます。あるいは東京都の上からヘリコプターで眺めますと、もう、一回見ただけできちっと描けるとか、サバン症候群と申してますが。じゃあ、それは高機能かといいますと、総合的な知能では、やはり五〇台でございますから、知的障害に入りますので、アスペルガーとか特定不能にはならないわけです。で、基本的には今申し上げた五つがありまして、前半の三つが、やや低機能という言い方をしていただいたらいいかと思いますし、アスペルガーと特定不能は高機能の範囲に入ると、こんなふうにお考えいただきますと分かりやすいかと思います。

弁護人
高機能広汎性発達障害の下位概念として、アスペルガー障害や特定不能の広汎性発達障害というものがあるという理解、それでいいんですよね。

はい、そうです。

弁護人
それと、あと自閉症スペクトラムという用語も、やや見受けられるんですが。

はい。

弁護人
このスペクトラムというのは、どういう意味と理解したらいいんですか。

一種のプリズムでございますから、自閉症という一つの枠に入れたときに、いろいろな光が出てくるのと一緒でございまして、自閉症という光を当てたら、七つも八つも、虹のように出てきますから、全体をひっくるめて、そういう言い方のほうが象徴的で分かりやすいので、ある学者が、これはイギリスの学者さんでありますけども、そういう表現をしてる見方が、学会の中では一つの流れになっているかと思います。

弁護人

スペクトラムというのは、連続体という意味で理解すればよろしいんですね。

そうですね。

弁護人

自閉症スペクトラムというものと、広汎性発達障害というのは、ほぼ同義という理解をしてよろしいんですか。

そうですね。

弁護人

先ほどから何度か出てるんですけれども、広汎性発達障害の下位概念である、アスペルガー症候群と特定不能の広汎性発達障害、そういうものがあると。

はい。

弁護人

この二つを区別する意味というのは、何かあるんですか。

ええ、私たちが見てます限り、専門家では、二つに分かれてるんです。分かりやすいお話を申し上げますと、寝屋川の教師殺しの事件は、京都大学のさる教授さんは、少年をアスペルガーと鑑定出しました。そうしましたら、大阪大学の学者さんは、特定不能と診断しました。で、あの裁判に関しましては私も、僭越ながらコメントさして頂いたんですが、最終的には判事さんは、どちらもお取りにならなかったようでございます。これは見方によって、左から見るか右から見るかによって違うんでありますけども、東大寺学園の高校生に関しましたら、広汎性発達障害の特定不能という判断を、崎浜さんという精神科医さんはなさいました。そこのところは、もう精神科のお医者さんの鑑定の、見られる基準によって出てくるものは内容が違うので、これは何ともいえない部分があろうかと思います。

弁護人

医学的には区別する意味があるのかもしれませんけれども、臨床心理学的にはそれほど、臨床学的と言ったらいいんですか、臨床的と言ったほうがいいかな。

ええ。

弁護人

臨床的には区別する意味はそれほどない。

つまり臨床的には、双方、今、たまたま二つ出ておりますね、アスペルガーと特定不能ということで、一応類型を分けましても、そのベースは基本的に、私は同じじゃないかなというように判断します。

弁護人

どこに問題があって、どういう対処をすればいいかというだけの話だからということですね。

はい。つまり、顕著だと思われる、言わば状況が、数多く出てるのか、ある一点が突出してるのか。例えば、字義性という言葉がございますけども、ある一点が非常に顕著である場合は、一つか二つですけれども、それが問題を起こしてる理由があったとしましても、数が少し少ない場合ですね。多分、これは学者さんの蓋然性的な考え方で、特定不能の方が無難だろうということで、お取りになるんだろうと思います。

弁護人

発達障害の認知度、社会の理解としては、どの程度の状態にあると感じていますか。

実は、その発達障害に対する理解が、広汎性発達障害を含めての理解が、学校教育の中で少ないために、様々なトラブルが起きてるということを認知した文科省は、積極的に今、各小中高、全部ひっくるめまして、文科省と関係のある教育機関が、去年から積極的に取り入れるべく、推し進めてる教育行政の姿があります。

弁護人

まだ、それほど認知されてないということでよろしいですね。

はい。

弁護人

就職できているから発達障害ではないとか、結婚してるから発達障害でないということはいえるんですか。

いえないと思います。

弁護人

次に、発達障害の中身や特徴についてお伺いします。まず、精神医学の中で、Wing の三つ組みの障害という言葉が出てくるんですけども、これは何ですか。

それは、社会性が乏しい、それから言語性に偏りがある、それから非常に固執性があるとか、そういうような特徴をとらえていってるんだと思います。

弁護人

医学文献などでは、社会性の問題、コミュニケーションの問題、想像力の問題というふうに書いてあるんですけれども。

ええ、そうですね。

弁護人

今、先生がおっしゃってるのは、そのことでよろしいですね。

はい。これはあくまでも抽象的な表現でございますから、もう千差万別ですので、少なくともベースにそういうものを持った方が多いということで取り上げてるのかと思います。

弁護人

広汎性発達障害の特徴としては、これら三つの障害が特徴として認められる、そういうことですね。

はい。

弁護人

まず、社会性の問題というのは、平たく言うとどういうことを意味するんですか。

先ほど申し上げましたように、その場にいて、その場で多くの方が了解するといいましょうか、今法廷で私は証言させていただいてますけども、この場の中で、全体の流れを意識しながら、これはもう意図的に意識しなくても自然に意識しながら、私は私なりにお話を申し上げてるわけですが、仮に、廊下の向こうでカタンと音がしますと、一瞬、この空気、場面は抜きになりまして、そのカタンという音に行っちゃいますと、飛び出してしまう、場合によればですね。あるいは、今先生がある言葉をおっしゃっていますその言葉の中で、一つのことが引っ掛かりましたら、そこから先に行かないとか、そういうような、その人特有のいわば言動と言いますか、出てくるところに大きな問題があるんだと思います。

弁護人

今先生におっしゃっていただいたような、場にふさわしい行動がとれないというようなことですかね。

そうですね、はい。

弁護人

あと、人とのかかわり方については、どういう問題があることが多いんでしょうか。

はい、原則的な申し上げ方になりますけれども、相手の気持ちが、相手の感情が、相手の心の世界が、やっぱり読みづらいために、自己主張といいますか、自分の世界が全面的に出ますから、例えば授業を受けているときに、自分に関心のある言葉が出て来ます。そうしましたら、ぱっとその場で、皆はある程度の時間聞き流すんですが、聞けなくてそのことが気になると、大きな声で手を挙げて遮る状態で質問したりしますね。そういうことをしても、それはいけないというよりは、そういうことをする・しないのことについては考えなくて、一瞬にやってしまうところに特色があろうかと思います。

弁護人

相手の感情だとか思いに、思いを至らせることなく、一方的なかかわりを持ってしまう。

そうです。

弁護人

そういうことですか。

はい。

弁護人

次にコミュニケーション上の問題というのは、どういうことを意味するんでしょうか。

コミュニケーションは自己中心的でございますから、相手とこちらとの間の、いわゆるインターアクションと言いましょうか、交流が非常に難しいということだと思います。

弁護人

先ほど先生の言葉の中で、字義どおり性という言葉がありましたけれども、字義どおり性というのはどういうことですか。

例えば、おまえこんなことをしたのかと、こんな人間は死んでしまえと、こう言ったとします。一般的な空気を読む人であれば、あっ、ここまできついことを言われてるんだから、これはいけないことだなという捉え方をすることによって、ショックを和らげるわけでありますけれども、字義どおり的に取る人は、おまえ、そんなことすると殺すぞと言われると、本当に殺されると思ってしまう。おまえ、一生駄目だと言われたら一生駄目だと、その字義どおり取ってしまうというですね、そこにはいろんな犯罪に絡みます大きな問題がありまして、恨みつらみが重なってくるという、色々な受け取り方の回路の数が少なくてトラブルに。我々とすれば、そこに一つの課題を、教育の中で考えているのが現実であります。

弁護人

言葉の、正にそのままの意味で受け取ってしまうと。

ええ。

弁護人

ニュアンスで感じるんじゃなく、そのままの意味で受け取るということですね。
はい、もう言語と言いますか、文字どおり言葉どおりです。ですから、例えば良寛が八歳か七歳のときに、そんな目つきをしておれをにらむなら、おまえは鰈になるぞと言われた逸話があります。そしたら、本当にそのとおりに取りまして、浜辺に行きまして海の中に入っていこうとしたという話がございますけれども、そう受け止める人がいるわけです。

弁護人
では、三つ目の問題の、想像力の問題と言われてるのは、どういう問題なんでしょうか。
想像力の問題というのは、外国文献によりましたら、アインシュタインから、ヴィトゲンシュタインから、カントから、スピノザから、バルトークから、たくさんの天才がアスペルガーだという文献がいっぱい出ております。で哲学者は主として、私も哲学を専攻しましたけれども、アスペルガー的でないと哲学はできないような背景がございます。ファーブルのように、自分の目の前の昆虫だけに関心があるときにはどんどん進んでまいりますけども、少なくとも、その他には、その広がりがないわけですね。そういう意味で、広がりの無い想像性というような点でお考えいただいたらいかがかと思いますが。

弁護人
感情のコントロールができるか否かという点で、何かかかわりはあるんでしょうか。

ええ、これはですね、もうこれが一番大きな問題でございまして、いわゆる固執性とか、同時性というのは同じことを繰り返すわけですね、学者さんはそういう仕事をしますけれども。その一点に興味を持ち、その一点にある目標を持ちましたら、野口英世じゃありませんけれども、もうそれしか目が行かないという、そういう独特なキャラクターを持っておりますので、単なる粘着型の粘りと違って、そうしないと身が収まらないいんでしょうね。その結果、素晴らしい業績を世界に発表してる学者がたくさんいますので、偉業を成し遂げた、特に理科系の偉業を成し遂げた方のキャラクターは、ほとんどそういう方ではないかと、私たちは理解しております。

弁護人
あと、状況に応じた結果を予測する能力との関係ではいかがですか。
状況に応じた能力は、大変困難だと思います。それが想像性を欠くということにつながるのかと思います。

弁護人
では、見通しが立たないときには、どういう状況に陥ると考えられますか。
ええ、パニックになります。

弁護人
それから、想像力の問題との関係では、物事の順序に対するこだわりを持つ場合があるといわれているんですが。

　はい。

弁護人

これは具体的にはどういった、何か事例のようなものがあったら、簡単に教えてください。

　はい、一言で申しあげましたら、常識的な時系列認識が非常にないということですね。

弁護人

物事の手順を決めるとそれに従う傾向というのも、これになるんですか。

　はい。ですから、今やってることが次どうなるのかとか、そういうことは、その瞬間には出てこないというんでしょうか、そういう特有な回路を、たくさん持ってる人と接しておりまして、不思議に思うことがあります。

弁護人

それから、その他の特徴として、誘導尋問に迎合しやすく、質問者の意図をくみ取っても答えることができないというようなこともいわれてるんですが。

　はい。

弁護人

これは発達障害との関係で、どういうメカニズムというか、どういう理解をしたらいいんでしょうか。

これはですね、先ほど字義どおりという話がございましたけれども、物事には裏表があります。仮に、誰かが当人にある思いがあって、ある質問をなさったとします。文字どおり字義どおりで取っておりますので、ここで質問されてることが、ここで尋問されてることが、どういう意図でこれを質問してるのかという受け止め方が、なかなか出来ないので、字義どおりの返事しかしない、そういう面があろうかと思います。あっ、ああいうことを聞いてるんだなという、裏を読めないといいますか、そういうのが一つの特色ではなかろうかというように思います。

弁護人

では次に、今回先生に、実際被告人とのカウンセリングをしていただいてるんですけれども、その経緯と、そのカウンセリングの状況についてお伺いします。

はい。

弁護人

まず、私のほうから先生に御依頼した内容というのは、どういう内容だったか覚えてらっしゃいますか。

はい、覚えています。いわゆる悪いことをした方が、逮捕されて調べられて被疑者の立場にあるわけですけれども、そういう内容が調書に書かれています。で、お読みになったりお会いになられたときに、いわゆる、従来悪いことをしたと思われてる人たちと、ちょっと違う反応があるので、どう考えたらいいんだろうかという疑問を抱かれましたので、私のほうに、少し手伝っていただけないかというお話を伺ったのがきっかけかと思います。

弁護人
私のほうから、被告人が発達障害であるのか、で、その発達障害がこの事件にどういう影響を及ぼしているのか、それと、あと、アルコール依存症との関係などをお教え下さいということで御依頼差し上げたと、そういうことでしたね。

はい、そう取りました。

弁護人
実際、面会される前に、刑事記録も見ていただきましたね。

ええ、読ませていただきました。

弁護人
ある程度、事件の内容は把握された上で面会をされた、そういうことですね。

はい、そうです。

弁護人
まず、被告人と面会した際の外見的な所見としては、どういうものがありましたか。

はい、裏表のない率直な方というふうな印象でございました。

弁護人

年齢の印象についてはどう思われましたか。

はい、実際にお伺いしてる年齢と、大体一回りぐらい違うと。

弁護人
視線が合うかどうかという点では、どういう特徴がありましたか。

ええ、私どもの印象としましたら、限りなく自閉症的な雰囲気は感じさせる視線であったと判断しております。

弁護人
実際に被告人と話をされて、先生が気付かれた被告人の特徴として、どのようなものがありましたか。

御自分に関心のあることでしたら、もちろん、いろいろとお答えになられるんですが、相手の話を聞くというよりは、自分にとって関心があるかないかでもって反応が違うところが、ああ、この人なりの受け止め方なんだなという回路を感じました。

弁護人
あと、被告人の表現方法に何か特徴はありましたでしょうか。

論理的に物事をとらえていって、つじつまが合うという表現の仕方にはないと思いました。言葉の中に、どういう表現が多いとか、こういう表現が多かった、そういうようなものはありましたが、吃音でいらっしゃいましたので、指示代名詞じゃありませんけど、それとか、あれとかですね、具体的な内容というよりは、比較的、思いの中のことを指すときに、いってみれば……代名詞でしょうね、そういうものをお使いになるような感じの印象を受けました。

弁護人
表現として稚拙だったということでよろしいですか。

はい。

弁護人
あと、言葉の中に数字も多かったということでしたか。

そうです。特に、数といいますか、正に、数、数、数ですね、例えば漢字とか数字に関心をお持ちの方が多いんですけれども、アスペルガー系の方はですね、そういう傾向が見られました。例えば、免許証の更新が、拘置所に入ってらっしゃる間に切れるか何かで、いついつで駄目になるということを、その私どもが行きましたときに必要かどうか、本来なら別枠だと思ったんですけども、そのことのほうに関心、興味がおありで、それを聞きたくて仕方がないという雰囲気を感じました。

弁護人
ちょっとそれは後でお聞きしようかと思ってたんですけれども、先生との面会の中でも、免許の更新の話というのが出てきてましたね。

はい、そうでしたね。

弁護人

元々、私から先生に依頼をしたとき、依頼文の中に、私と面会する際にも、免許の更新の話がしばしば出てくるんですということを、私から先生に依頼文でお教えして、で、その前提で言ったところ、たまたま先生が行かれたときにも免許の更新の話が、彼から出てきた。

そうですね、本当であれば、それは、先生との間、つまり弁護士先生との間との話でありまして、私たちとの間ではそれは関係のないことなんですが、そういう、いわば空気が読めないといいますか、そのことよりも、今自分が目の前の関心のあることしか、興味がないと、目の前に大事なことと思える役割をもった人間が二人いましても、それをどこか、こう意識からずっと飛んでしまうといいますか、そういうユニークさを、みんな持ってるところがあります。

弁護人

ちなみに、これも先に聞いておきますけれども、そういうことを口にすることが、彼が事件のことを反省してるとか反省していないということの尺度にはなりますか。

今回の事案以外含めまして、よく出てますのは、平然としてたとか、動揺がなかったとか、そういうとらえ方をなさって記事をお書きになっておられるジャーナリストの方が多いのですが、私どもは、広汎性発達障害の特定不能ないしアスペルガー症候群系の方の特色の一つが、そこに現れてると判断しました。

弁護人
一つのことにこだわってしまう傾向があるので、そのこと自体で、事件についての反省があるのか、ないのかということには関係しないと、こういうことですかね。
はい。
弁護人
また、彼との面会のときの特徴に戻りますけれども、話をする内容が纏まっていたかどうかというのはいかがでしたか。
まあ、あまり纏まっていたというふうには覚えてないです。
弁護人
あと、話がそれていく傾向が多かったか、少なかったか、それはいかがですか。
多かったと思います。
弁護人
それから、精神状態はどうでしたか。
ちょっと泣き声でもありましたけれども、気分障害という言葉がございます。抗鬱薬を飲んでらっしゃったというふうには伺っておりますけれども、情緒的にというんじゃなくて、気分障害ということを前提にしますような、まあ、我々は、二次障害と言っておりますけれども、そういう病状といいますか、多少背負ってらっしゃるのかなという気がいたしました。

弁護人
どのような泣き方をしいてましたか。

これは、基本的な言い方をしますと、一つの言葉、ちょっとした、いわばしぐさといいますか、何でもないとこっちが思えることですら、一〇倍、二〇倍鋭敏に、鋭敏感覚が強うございますから、その鋭敏知覚が災いいたしまして、すぐに一〇倍、一〇〇倍駄目だというふうに思い込んでしまうという、そういうのがあったんじゃないかと思います。

弁護人
それから、話をしていて、被告人の性格はどのような性格だと感じられましたか。

まあ、短期の時間でございますので断定はできませんけども、先ほど申し上げましたように、裏表のない、優しさを持った、結果的に悪いことをしておいでですけれども、他人に対して危害を与え、他人に対して問題を起こしてはいるわけですけども、日常生活の中で頻繁に起こしてらっしゃるというような方ではなくて、きっと、お年寄りなどには好かれる方ではなかろうか。裏表のないお人柄であるというのは感じました。

弁護人
カウンセリングの結果、先生は、被告人は発達障害であると判断されましたか。

そういう、いわゆる広汎性発達障害の中の特定不能ないしはアスペルガー症候群系のパーソナリティーではないかと思って帰りました。

弁護人

先ほど少し話が出てましたけれども、被告人は、先生の前でもはばからずに泣いていたということがありましたね。

はい。

弁護人

これはどういう心理状態に基づくものなんですか。

一種の軽いパニックだとおもうんですけども、周りがどう思うかということにはあまり関心がおありじゃありませんから、正にマイペースの表情がマイペースの情感となって現れた、それが一つの…、いわば、現れたと、表出されたというふうに取りました。

弁護人

パニックに陥ったときの症状としては、被告人は泣くという態度をとっているんですけれども、それ以外にどういう症状が出ることがあるんでしょうか。

いろいろありまして、自罰的に出るのと、他罰的に出るのがありますから、言わば、自分の体に対して傷をつける、まあ、リストカットのような形。外ですと、物を壊すですね。もっといえば、相手に対して、何か結果的に危害を加えることになりますが私の受けました印象では、どちらかといいましたら、うつ的状況で落ち込んで泣くという形の表現かなと思いました。

弁護人

被告人の場合は、パニックに陥ったときに、攻撃性を持つのではなくて、むしろうつ状態に陥って泣き続けると、そういうことですか。

はい、パニックのときは、多分、その欲動、パニックから来る攻撃性を欲動と考えますと、それは、内に閉じ込めてしまうので、泣くという動作、言わば、言動になろうかと思います。

弁護人

パニック状態に陥る原因はどういうものなんでしょうかね。

回路の数が少ないんですね。我々は人間ですから、様々な出来事に遭遇いたしますけども、乗り越えていくときには、それぞれが自己防衛的に回路を持ってるわけですね。残念ながら、こういう立場の方は非常に回路が少ないものですから、持ちごまが少ないので、パニックが起きる度合い、いわば頻数が高いというのが私たちの見方であります。

弁護人

それから、今、うつという話が出たので聞きますけれども、うつとの関係で、被告人はアルコール依存症でもあったんですが、うつとアルコール依存症とはどういう関係になるんでしょうか。

文字どおり、気分障害的にうつの状況でありますと、お薬ではなくて、お酒というのは非常に気分をよくする作用がございますよね。ちなみに、アメリカの五〇〇万人から六〇〇〇万人ぐらいの人たちがうつだと言われていますが、これは診断してもらってうつだと、様々な最近のはやりですと、SSRI系の薬を飲むわけですが、医者に行く力がない、経済的なパワーがない人は、結局、それをお酒でもって代えてるわけですね。お薬代わりなんですね。ですから、アメリカでは、現在、推定ですが、一二〇〇万人ぐらいうつがいるだろうといわれておりますが、その半分はアルコールでカバーしてますので、その人たちの中にアルコール中毒がかなり多いという社会的なデータが出てるというふうに私たちは聞いております。

弁護人

アルコール依存症の中にはうつの方が多く含まれてると、そういうことですか。

はい。

弁護人

それから、発達障害のひとの二次障害として、アルコール依存症になることがあると言われているんですが、これはどうしてでしょう。

いや、これは、もう先ほど申し上げた二次障害でございますから、同じ二次障害でも、人格統合的な方とか、気分障害だとか、いろいろございますけれども、まあ、気質、いわゆるテンペラメントといいますか、どちらかといいましたら、同調性タイプでいらっしゃいますので、こういうタイプの方は、気分障害系になっていかれる二次障害だろうというふうに考えております。

弁護人

次に、今回の事件と被告人が発達障害であることは、どういった点において関係していると思われますか。

まあ、一つはこだわりかと思いますね。まず、二つあります。こだわりが、裏表になりますが、こだわりの向こうに、年齢、相手の年齢に対する配慮が全くないですよね。ですから、非常に、御本人を前にして言いにくいんですが五十の方であっても、今回、若いお子さんになりますが、であってもですね、年齢格差に対する意識はあまりなくて、自分にとって、ああ、この人は受け入れてもらえる優しさを持つというような意識を持った場合には、年齢は消えてしまうわけです。けれど、普通はといったら語弊がありますが、ごく一般的には、ああ、中学生、この人は一三才、この人は五〇才というのは、当然識別して当たり前ですが、そこに至らないという、そういう思いの中でしか事が判断できないところに、まあ、問題性ありといえば、問題性だろうかと思っております。

弁護人

先生、先ほど二つとおっしゃったんですが、もう一つは何でしょうか。発達障害が関係してるんじゃないかと思われた、二つとおっしゃったんですが、今ので二つになるんですか。

その一つは、先ほど申し上げたように、常同性という言葉を使いましたけど、常同性とか、固執性とか、この人が好きだと思うと、その好きだという対象にはストーカーのような形で追跡していくという、まあ、これはしつこいといえばそれまでですが、そういう癖がある。これは病的ともいえるかどうかわかりませんけども。ですから、ストーカーの中にはアスペルガー系の人が多いんですね、現実問題。本人はストーカーと思ってないわけです。求めるわけですけども。その辺の、同時性、執着性というものがあって、状況の中で空気が読めない、年齢差に対する認識のなさと二つが重なると、今回のような事件になったのかなというふうに判断しました。

弁護人
自分の欲求を満たすために、周りの状況、前後の状況というのを認知能力というんですかね、そういうのが遮断されてるということですか。

本来なら、先ほど言いました時系列的にですね、こういうことをすれば、次どうなるかって考えてしまうわけですけども、それを単なる衝動と取るのか、こういう方の特色と取るのかは、まあ、なかなか解釈が難しいかと思いますが、私は、やはり、何事に対しても、そのこと以外もですね、何事に対しても、今の時間、今がね、この人にとっては大事なときなのかなというふうに考えてますけども。そういうタイプのキャラクターを持った方も、広汎性発達障害の、先ほど申し上げました二つのタイプの方達には多いというのが現実であります。

弁護人
端的にいうと、自分が何をすべきかという判断レベルが低いと言ってもいいですかね。
はい、常識的なレベルからいうと低いんですね。
弁護人
それから、被告人が、相手の方がどう思っていたか理解しながら行為をしてたかどうか、その点についてはどうお感じになられましたか。
つまり、先ほども何度も申し上げておりますけれども、相手がどうであるというよりは、自分の中に描いたある一つの思いから来る欲求が前面に出ますと、それに振り回されて支配されますので、結果的に大変なことになるんですが、そのときには、それがどうなのかという、その次が出てこないということだろうかと思います。
弁護人
それから、被告人が発達障害であるということは、被害者のほうの目から見てはどのように映ると思いますか。
先ほどの話ではありませんが、裏表がない人間ですので、人柄的には、一見優しそうだったり、怖い人ではないといいますか、人柄的には、親和性という言葉がございますけれども、とてもいい人というふうに映るのがほとんどであります。人懐っこいとか、素直とか、アスペルガー系のお子さんたちのほとんどがですね、少し変わったところもありますけれども、面白い子やねとか、いい子やねとか、優しそうだねというふうに言われて育った方が多いというのが現実であります。

弁護人
次に、先生が面会された感想として、被告人が同じような事件をまた起こすかどうか、再犯の可能性という点についてはどうお感じになられましたか。

これだけ大変な事件を起こしてはいますけれども、先ほど、鋭敏感覚の話、鋭敏知覚と言いましたけど、意外に小心です。今、拘置されておりますね。また、今後どうなるか分かりませんけど、そういう拘束されたことによって、体験的に、言わば条件反射的に大変だということを身体で知って、被告人にすれば、相当こたえてるのではないか。私たちの立場は、認知論の立場ですので、認知行動療法というかかわり方をしております。あまり裏表がないので、精神分析ふうの深層心理学的なアプローチはしてなくて、認知行動療法なんですけども、今、拘置されてること自体が、ある種の行動療法的なファクターを彼は背負ってるんではなかろうか。そういう意味では、拘置されて拘束されたことが教育の一つになってはいないか。そのこと自体が矯正教育の成果になりはしないかというふうに判断しております。

弁護人
最後に、被告人の社会適応として、どのような仕事であれば適してるとか、そのようなこと、何か先生のお考えを教えていただければ。

こういう発達障害系の方の就労というのは、大変大きな問題であります。レット障害は今申し上げた一才しか能力がありませんから駄目ですね。小児期の自我崩壊も就労は無理です。これはもう施設が必要でありますね。しかし、今申し上げた高機能に関しましては、生活能力がありますし、当然、東大、京大に行くような偏差値の高い人もいますから、一概に、これを職業指導といったって、千差万別でございますけれども、どちらかいいましたら、中程度のですね、まあ、高じゃなくて、中程度の自閉系の人の場合は、裏表のないお人柄でございますので、私たちが現実に接している限りにおいては、認知症とか、高齢者の方とかですね、お年寄りに好かれますので、そういう施設で働いてらっしゃって、かなり喜ばれて、長続きしてらっしゃる方が現実に多うございます。ただ、問題なのは、そこにいらっしゃる高齢者の方にはものすごく好かれ、喜ばれ、望まれるんですが、職場での人間関係が少しうまくいかなくて、いろいろ無きにしも非ずですが、適職としては、一番それが妥当ではなかろうかというふうに考えております。

検察官（○○○○）

まず、専門的な話になるので、少しわかりにくかった点を若干整理させてくださいね。被告人の傷病といいますか、先生が、そうではないかと判断された病名なんですけどね、先ほど、高機能広汎性発達障害の特定不能型のアスペルガー系の人間なんじゃないかというような感じで聞こえたんですけど、それはちょっと違いますかね。

先生もすでに見ていらっしゃいます私の心理所見の最後は、アスペルガー症候群だと書いておりましたですね。

検察官（〇〇〇〇）

同じことだと思います。

先ほど法廷で言われた言葉なんですけど。

検察官（〇〇〇〇）

はい。

同じでいいんですか。

検察官（〇〇〇〇）

さっきの高機能型、こちらに、やっぱり今回の被告人も入るということでいいですか。

そこが、難しいところでして、例えば、知能の七五と、まあ二〇〇は特別ですが、一三五としましょう。その差というのは、ものすごい差がございますでしょう。それを一括して高機能というのはおかしいんじゃないかと私たちは判断しています。それで、強いていえば、低機能、高機能をそこで分けるんじゃなくて、中間があっていいので、今回の被告人さんに関しては、中というふうにとらえたほうが非常にカテゴリーとしては分かりやすいかと思います。

検察官（○○○○）
誤解がないように、ちょっと確認するんですが、先生がおっしゃる高機能というのは、割合知的レベルが高いという意味ですか。
　知的障害ではないということです。
裁判長
要するに、今使われている基準でいくと、ＩＱが六〇を超えてるという意味でいいですか。
　そうです、おっしゃる通りです。
検察官（○○○○）
その辺りも踏まえて少し聞かせていただくんですが、次に、先生が実際に検査をされたときのことについて少し聞かせて下さいね。先生は、先ほどの証言では、先生ご自身がある程度生み出された、いわゆる四〇問のインベントリー、質問票みたいなものですかね、こういったものと、弁護人から見せてもらった、この事件に関する記録について読まれて診断に臨まれたということでいいですか。
　はい。
検察官（○○○○）
ほかに、例えば、直接、彼の通ってた学校の、例えば先生から聞き取りをされたとか、あと、例えば実際に彼が働いてた職場の同僚、上司から聞き取りをされたとか、彼が結婚してた、もう別れられた奥様から聞き取りをされたというような事実はありますか。
それは、弁護士さんから、ある程度聞かせていただいたことと、調書の中にあります内容にですね…。
検察官（○○○○）
一応、質問に答えていただきたいんですが、あるかないか、どうなんですか。
聞きました。
検察官（○○○○）
聞き取りをされたんですか、御本人に会われて。
いや、御本人じゃなくてですね。
検察官（○○○○）
そこを聞いているんです。
それは聞いておりません。
検察官（○○○○）
ですから、職場の元同僚とか上司とか…。
それはね、時間がなくて聞けませんでした。
検察官（○○○○）
一応、では、いずれも直接聞いてはいないということでいいですか。

そうです。

検察官（○○○○）

あとは、弁護人から入ってきた情報だということですか。

そうです。それと、書いてある内容ですね。

検察官（○○○○）

あと、先ほどの、先生が実際に今いろんな臨床されて、アスペルガーの方だとか、発達障害の方について診断される場合、実際に先生がされている検査、どんなものをされてますか。このインベントリーの四〇問、これだけなのか、他にも検査をされますか。

検査というよりは、インベントリーですので、状況を私たちが記載するわけですね。で、その検査にも、つまり、こういうことなんです。現実状況を単純にお答えしますね。PETで調べた、MRIで調べた、CTで調べてアスペルガーが分かるという時代では、まだないんですね。そうすると、医者も私たちも、その人の言動でやるわけですね。そうしましたら、基準は先生も御存知だと思いますが、WHOのICDとかですね、あるいは、米国医学協会のDSMとかにですね、これとこれとこれの条件が重なりますと、計量的にですよ、重なりますと、この範囲に入りますというのは御存知ですね。そういう形で出てきたデータを重ねて判断するというのが現実のやり方ですね。

検察官（○○○○）

つまり、質問の趣旨はこうなんです。先ほど先生のほうが、アスペルガーの方なんかについていえば、とくに、どういう原因かという弁護人の質問に対して、例えば、脳の元々の先天的な脳障害、若しくは脳の個性とか、そういうお話もありましたよね。そういうお話を聞いたことと、一応弁護人のほうには開示はしてるんですけど、あとは、弁護人のほうから開示していただいた、いろんな精神医学の本によりますと、通常、発達障害を診断される場合には、いわゆる神経心理学所見、つまり神経心理学としての検査、あと脳波の検査、甲状腺の機能の検査をしたり、実際に鑑定なんかをする場合には、ウェクスラーの知能検査をしたり、例えば、レイブン色彩図形マトリックスを使ってみたり、言語連想プライミング検査をしてみたり、ロールシャッハをしてみたり、いろんな検査をして出されてることが多いようなので、それで先生に聞いたんですけどね。

もちろん、重大な精神鑑定留置なんかで行かれる人の場合は、それは、徹底的にそこまでしてらっしゃるわけですね。よく知ってます。けれど、私たちは何十年もこの仕事をしてましてね、あまりそういうものは役に立たないというのが私たちの見解なんですね。

検察官（〇〇〇〇）

じゃ、先生としては、特に、今私が話をしたような医学的検査に関しては、あまり意味がないという立場でいらっしゃるんですか。

役に立ってると思ってないですね。

検察官（○○○○）

分かりました。

ただ、先ほどの先生のお話からすると、脳波なんかは非常に意味があるとしか聞こえなかったんですけど、やはり意味がないというふうに取っていいんですか。

いや。意味がない、あるんじゃなくてですね、それでもってアスペルガーと、こんな脳波が出たら、はい、アスペルガーです。これだったら、広汎性発達障害ですというようなデータが出ておれば、私たちは、まず先にお医者さんに任せてましたね。残念ながら、それがないんですね。あってほしいんですけれど。それで、例の心理所見の中に幾つか述べておりますが、あれだけの資料がそろいますと、私たちは、もう、そういうふうに判断をしても間違いないというふうな確信を持ってるわけです。それで、具体的に書かせていただいたんですね。

検察官（○○○○）

で、次、先ほどの弁護人からの質問なんですが、例えば就職をしているとか、結婚をしたことがあるとか、そういった事情が、例えば、アスペルガーを例に出していえば、アスペルガーであること、ないことに対してね、その関係はあんまりないと思いますよというような、先生、お答えをされたと思うんですがそれでいいですか。

はい。

検察官（〇〇〇〇）

それぞれ、いわゆる進行度合いとか、程度とか、そういった概念はあるんですか。重い、軽いとかね。

二つありましてね、確かに結婚はされている…。

アスペルガーや発達障害に関連して、そういう病気に関して、非常に重いとか、例えば、割と程度が軽いとか、発達障害に対して、進行してるとか、進行してないとかいう強弱とか、そういった概念はそもそもあるんでしょうか。

それはあります。程度のことですね。

検察官（〇〇〇〇）

そうです。

ありますよ、あります。今のお話を分かりやすく言いますと、いわゆるアスペルガー障害といわれているのは、二五〇人に一人なんですね。で、アスペルガー症候群は、それがもう少し広がりますね。一％と言いましたね。一％といったら、かなり知名人もおられるんです、生きてる人でね。それで、ちょうど、何というんでしょうかね、層が、三層に分かれてるわけです。ですから、そういうふうに言っていくと、正に今ご指摘のように様々なレベルがあるというふうにお考えいただいたほうが正しいかと思います。

検察官（〇〇〇〇）

今の先生のお話からすると、先生のほうが専門家ですから教えていただくんですが、アスペルガー障害、そしてアスペルガー症候群という言葉で言うならば、アスペルガー症候群というのは、どちらかといえば周辺部分の、比較的程度は重くはない部分ということにとらえていいんですか。

はい、そうです。

検察官（○○○○）

ですから、先生としては、さっき言ったような就職をしてたり、例えば結婚生活をすること自体が、そんなにおかしいことではないんですよという意味になるんですか。

そうですね。

検察官（○○○○）

先ほどの先生のお言葉に対して二、三聞いて終わりにしますけれど、まあ、今回、警察の者や検察官が被告人からいろいろ事情を聴いて調書を取ったりするんですけども、その中で、先ほどの弁護人の話なんかの中でも、誘導に迎合するのがアスペルガーの一つの特徴であるみたいな、そういうお話をされたと思うんですね。で、その部分に関して、先ほど、先生は、結局、その尋問者の内に秘めた目的と言いますか、表立っては言わないけれども、こういうふうな、本来の目的、隠してる目的を気付くことができないから、そういう裏表がない性格だからという話をされましたよね。それというのは、逆にいうと、相手の真意が読み取れない、表に出てない隠してる部分が読み取れないで裏表がなくてしゃべるということは、正に、言ってることは、実際に自分にとって事実を話してるということにはならないんですか。

そういうふうに受け取れたんで聞くんですけどね。

分かりました。やっぱり字義どおりしか取りませんので…。

検察官（○○○○）

ちょっと意味が分からないんですけど、今の先生の字義どおりというのが。

字義どおりしか取れないんで、あの調書のような形になるんじゃないでしょうかね。私も読ませてもらいました、警察官の方のも。同じ質問をかなりしてらっしゃいますよね。あることを引き出そうとしてらっしゃるなという印象を受けるわけです。ところが、そのとおりにならないわけですね。そっけなく返事が返ってくるわけです。そうしますと、まあ、動機付けが何なのかということが、お書きになるときに大事なポイントになりますから、どうしてもかくかくしかじかの理由でこういうことをやったんだというように、お書きになられますよね。ところが、その意図に沿わない返事になっちゃうわけですね。

検察官（○○○○）

ですから。

それは、字義どおりしかとれないので、理解能力がないというのと、ちょっとまた違うんで、そこが頭に入っていかないというふうに考えていただいたらどうでしょうかね。そのとおりしか取らない。

ないといえばないんです。あるといえばあるんですね。だから、そういう点では、先生おっしゃったとおり、事実を言ってるんです。

検察官（○○○）
一点だけ聞かしてください。今最後に、隣の検察官から質問が出たことと、ちょっと質問を変えるだけなんですけども、アスペルガーにかかっている方が、いわゆる自分でとった行動について自分で説明できない、こういうことはあり得るんですか。

あり得ます。

検察官（○○○）
そうなんですか。それは、アスペルガー症候群とどういうふうなかかわりがあるんですか。

非常に分かりやすい例、一つだけ言わしてください。すぐに終わりますからね。須磨の事件はアスペルガーという判断、今は、精神科医のコンセンサスになりました。あの少年は首を提げてタンク山から雑木林を歩いてきたときに、機動隊の三人の方が見えて、気を付けて帰りやと声を掛けられて、素通りしてるんですね。検事調書によりますと、君、そういうとき、どんな気持ちやったのということを尋ねられて、僕は平常心でしたと答えてるんです。首を持ってるんですね。でも、本人は平常心なんです、本当に。つまり、そういう行き違いがあるんですね。我々と違った。今回の被告人にも当てはまり、同じことだと思います。

検察官（〇〇〇）
ちょっと確認なんですね、いわゆる客観的にとった行動そのものを説明できない、自分から説明できないということはあるんですか。
いや、それはね、そのときに相手がどういう気持ちかと問われた時に、当人は、普通ならですよ、えらい悪いことをしましたと言うのが普通であるのに、平常心でしたというような答え方しかできないわけだから、質問されたときにですね…。
検察官（〇〇〇）
聞きたいのは、心の中身、いわゆるコミュニケーションの中での心の中身のことを聞いているんじゃなくて、自分がとった行動そのものを、こういうことをしましたということが説明できるかできないかということを聞いているんですが。
説明というよりは、あったことはあったと言うだろうと思います。ただし、それは、質問される内容に応答しますから、多少複雑な絡みがありますよね。
弁護人
今、検察官のほうから質問があった点で、私も全く同じことを先生にお尋ねしたと思うんですね。字義どおり性と誘導尋問に乗って質問者の意図をくみ取って答えることができないということ、それとの関係が、どういう関係なんですかと。字義どおり性だったら、そのまま答えることになるんじゃないですかということは、私も先生にお尋ねしたと思うんですよ。

はい。

弁護人

で、そのときに先生のほうから教えていただいてるんですが、これ、誘導尋問に迎合しやすくて、相手の意図をくみ取って答えることができないのはどうしてなのか、もう一度ちょっと教えてもらえますか。

普通は、そこそこの知能であれば、空気読めますからね。全くそういうのは、全くはいいすぎですが、読みにくいので、今先生がおっしゃったような形に結果的になるかと思うんですけど。

あと、相手に従わないといけないという意識を持つというような話もされてたんですけども、これはどういうことでしょうか。

本当いうと、それに答えたら自分はかなり損するなと普通の人なら考えるわけですね。ところが、その思いに行きませんから、字義通り言ってしまうということが言えるかと思いますね。つまり、自己防衛の自我の部分が非常に希薄、皮が薄いとお考えいただいたほうが正しいかと思いますけど。守る力がないといいますか。ある意味、自己防衛の一種として誘導尋問に従うということなんですよね、彼の中では。誘導尋問と言う意識はないんですね。ああ、怖いということだろうと思います。

弁護人

怖いという。

はい。
弁護人
怖いということから従うというのは、どういうことなんですか。
それは、あくまでも体感の危険度でしょうね。
弁護人
相手に従わないと、ひどい目に遇うというような思いを持って従っていくと、そういうことなんですね。
はい。
弁護人
先生、たしか、私にそういうふうに教えていただいたと思いますが。
ええ、そう思います。
裁判長
確認なんですけれど、被告人本人が経験した事実、こういうときにどういうことをしましたか説明してください、と求められて、経験した事実は、事実としてこういうことがありましたよという説明はできるということでいいんですか。
本当は、裏表がない人ですから、言えると思います。ただ、問題なのは、彼が言ってることは、アスペルガー系の人の言動ですから、ちょっと違うんじゃないかって横やりが入らんとも限らんのですね。

それを僕は調書の中で感じたんですね。そんなはずはないやろうと、こうやろうと言われたときに、かなり圧を持って、こうやろうと言われたら、過敏な反応をしますと、最後は、仕方がない、そうだと言ってしまう。けども、語れないわけではないんですね。語ってると思うんですね。語ってるけど、それでは調書にならないことがしばしばございますよね。ここが、たくさん、私、見てきたアスペルガー系、特定不能系の方の調書の矛盾なんです。ということを、これまで何度もいろんなところで証言してきました。語れるんです、先生おっしゃいますように。でも、語ったことは、大概、まあ、言わば捜査官の立場からしますと、いや、それは違うやろということになってしまうんです。

裁判長

聞き方を変えますと、自分に都合の悪いことは隠して相手に話をすることはできますか。

は、できないんです。

裁判長

それはできない。

はい、できないです。そのままやっちゃうんです。それで、私たちは時には困るなあと思うことがあるんですね。ほんとのことを言っちゃうんです。いや、ほんとというのは、真実のほんとならいいんですけどね、これを言ったら相手が傷つくことってありますよね。あなたはブスと、こう言えば、嫌なことになりますね。けど、本人から見たら、ブスはブスなんですね。そういう言動が、多くの対人関係でトラブルを起こしてるんですね。裏表がないもんですから。と同じようなことがあるので、こういう場面ですとですね。どうしたんやと先に尋ねられたら、こうしたって、必ず、彼、言ってると思うんです。けれども、それではつじつまが合わないやないかと言われてくると、ややこしくなっていくわけですね。多分、その辺のところを弁護士さんのほうがね、ちょっと、と思われたんじゃないかなと、私は判断したんですけど。

裁判長

もう一点、質問者の意図を理解して答えることができない、それはそれでいいんですかね。

はい。

裁判長

まあ、相手の意図をそんたくして答えるということはできないと。

ええ。

裁判長

それと、防衛することができないということ。

そうです。

裁判長

おっしゃいましたよね。

そうです。

裁判長

そうすると、質問に対して答えてる答えは、その人がその答えに対して、直感的というとおかしいけど、素直に答えてる答えと、そういうことになるわけですか。

はい。どういうんでしょうか、取調官というお仕事柄の立場からしますとね、ある事実に対する、まあ例えば、動機を書かなきゃならんときにですね、それはないやろうと言われてしまいますとね、戸惑ってしまうんですね。だから、本人は本人で、まあ、困ったことですけど、ある動機があって、あることをしてるわけですね。それは、正直、私は言ってるだろうと思うんですけどね。でも、おまえ、そんな単純なもんじゃないやろうというような言われ方をしますとね、やっぱりそこで、ストップしてしまうんじゃないでしょうか。

検察官（○○○○）

今の裁判官の尋問に関連してですが、今先生がおっしゃったことは、今の取調官の意図とかいうのも、まあ、一般論でしょうからね。

ええ、ええ。

検察官（○○○○）

今の、例えば、アスペルガーの人がどういうふうに、例えば事実をありのましゃべるけれども、例えば圧を加えられたりするとね、それがその人の誘導に乗ってしまうみたいな話をされてましたけど、その今のお話も、いわゆるアスペルガー障害、アスペルガー症候群、この一般的な話としてとらえていいですか。

はい

検察官（○○○○）

というのは、先ほども先生が話をされたように、アスペルガーにも、アスペルガー障害、症候群、しかも、おそらく障害の中でも、程度というのは、差はあるわけですよね。

はい、そう申し上げました。

検察官（○○○○）

で、その程度に応じて、その内容も当然変わってくるということでよろしいですか。

はい、けっこうです。

平成○○年○月○日

刑事裁判の争点

この刑事裁判の争点は、中学生に対する「強姦未遂」が脅迫だったのか、親和的だったのか。欲望達成の意図については事実の客観的争いはないとして、そこに至る被告人の態度が問われたものである。

弁護側は親和的として、検察側は強迫的で被害者は怖いので従った、しかも馬乗りで文字通り襲い掛かる体位だったと主張。しかし弁護側は二人の間柄の前提と場面の前後から、被告人の陳述は一貫して親和的であるのに、検察が誘導的に自供書を被告人に強要して供述させた疑いありと反論したのである。

私の主張は「ウラオモテ」のない被告人が、ありのままに供述することはあっても、わざわざ意図的に前もって計画的に嘘を正当化するということのないアスペルガー的キャラクターだと判断、結局は検察官の取り調べで強く押され、言われるように捺印したものと推察したのである。

第三回裁判公判では私の証人出廷の後、証人として出廷した担当の検察官が、取り調べ時の状況を、弁護人から尋問されることとなったのであった。その弁護士に相当突っつかれた検察官、証言に際し「しどろもどろ」自信のない答弁、それに業を煮やした同席の同僚検察官三人がしきりと雑談、目に余ったのか突然裁判長が卓上のマイクを手に持って大声でそこの三人（検察官）、喋るなと怒鳴ったというハプニング。傍聴席は三〇人の満杯、全員裁判官の強い怒りの叱責にびっくりしたのであった。そのときの被告人の顔の表情はきわめて穏やか、検察官のおどおどした顔つきとは対照であったのが印象深く焼きついている。いかにも発達障害系人間と司法試験を合格した頭の良い人の違いが、である。前者は文字通りの我が世界、後者は色々と考えをめぐらすインテリ人種。あれこれやり繰りがうまくいかないだけに、傍聴席から見ている限り、「ええ！検察官って裸になると唯の人間？」と思ったのである。

第四章　「尼崎連続殺人事件」と心理鑑定

二〇一二年に発覚した連続殺人死体遺棄事件において、主犯とされる故・角田美代子の指示で一番の働き（？）をしたとされるR被告人が神戸地方裁判所の一審、大阪高裁二審、東京最高裁三審の裁きを受けたことは周知のことである。三審とも判決は「無期刑」であった。

縁あり、私は一審においてR被告人の心理鑑定者として、法廷で証言したのだが、その時提出した「心理鑑定書」を紹介し、人の心的病理について考察しようと思う。

R被告人の罪状は、殺人罪、死体遺棄罪、監禁罪、詐欺罪、加害目的略取罪、傷害致死罪（時効）などである。

「尼崎連続変死事件」と報道されていた、この複雑怪奇の事件の主犯は、故・角田美代子（死亡により不起訴）、その使い走りNo.1がR被告人であった。

当時、加害関係者10人の中で、無期懲役は、R被告人のみである。後の9人は、有期刑の判決が！罪状の内容が問われたのであろう。それにしても、である。１８０センチの上背、野球で鍛えた身体の暴力行為は、美代子にとって使い易かったわけだが、その分、罪が重いのである。とは言えこの犯人グループは全て美代子の追従である。

スポーツ人間だから、主従意識が濃厚故、容易に美代子の指示を受け入れたのだろうか。そうでもあり、そうとも断定できない。その戸惑いに、「ＤＳＭ」の記述の中の民族的見解の一つに、「○○○―症候群」（『精神障害の診断と統計マニュアル』）が出ていて、次のような心理鑑定書を7人の弁護団に渡したところ、当初は「これで」、と。しかし後になりこれは?・と、書き直したのが、後の「心理鑑定書」だったのである。見方によれば「民族差別」と受け取られかねないからだったのか?美代子の周りを取り巻く、被告人9人の全員が、日本人である。10人の罪状がそれほど変わるとは思えない。しかしその量と質に差があったとしか思えない。Ｒ被告人だけが、それ故三審とも「無期」である。しかし、求刑懲役30年・判決懲役23年という角田瑠衣被告人と、どれだけ違うのか。

「無期と有期」の判決差に、質的違いがあるとすれば、どういう基準を想定すればいいのか。刑事訴訟法には、三人殺したら死刑、二人だから無期、一人だったら有期刑といった裁定の基準が記載されているわけではない。最後は、裁判官・裁判員の裁量に掛かっている。裁く側にそれなりの理由があった、としか言い様がないのである。（注・無期刑は、仮釈放が許されても一生保護観察に付される。『仮釈放』〔吉村昭著〕の小説のテーマである）

この事件の特異性は、被害者が全く見知らぬ人達でなく、知人であり、身内、家族、それも親族も含むという、所謂顔見知りの集団内の悲劇であることにある。

それだけに、二度と起こりようのない犯罪と言えるのかもしれない、不思議な「殺戮事件」である。

主犯は故・角田美代子だが、追従者というか、美代子の思い通りに動き、結果的に多くの被害者を出すことになるのだが、その作業の請負人の筆頭が（利用された）、R被告人だったのであろう。10人の被告人の裁判で、心理鑑定を要請されたのが、R被告人であった。

「接見厳禁」の渦中にあって、7人の弁護士の弁護団が「心理鑑定」を私に依頼、私が承諾直後、裁判所に厳禁解除の申請をし、裁判所は判事の記名で「接見無制限」の許可が出たのである。

R被告人の収監されている神戸市北区ひよどり北町にある拘置所へ「心理鑑定書作成」のため幾度となく接見すべく通ったのである。そして、最初に作成した心理鑑定書の診断名は前記のものであった。

以下、その本文である。的確であり、かつ分かり易さを念頭に書き下した内容である。

主任弁護士
中園江里人先生

平成26年11月3日

六甲カウンセリング研究所
所長　井上敏明
（臨床心理学博士）

心理鑑定書

心理診断名
「。。。——症候群」

〈はじめに〉

貴職よりR被告人の心理鑑定依頼、項目1から4に到る内容に関し、当被告人との接見及び心理検査結果に基づき、その内容を得ましたので、依頼項目に応じ以下回答致します。

依頼鑑定項目

1、本件の共犯者グループ（角田家）が形成され、維持されてきたことについて、角田美代子の存在はどの様に影響しているのか

〈回答〉

２０１４年10月26日（金）、「毎日新聞」（夕刊）に故角田美代子被疑者はどんな人間だったのか、をテーマにした「尼崎連続変死」―暴力と家族愛巧妙支配―という記事は、記者が専門家から取材した内容でありました。その主旨は、美代子被疑者の手口がカルトの手法で、「擬似家族」を作り上げ教祖ならぬ権力者にのし上がり、当人の家族接触欲・支配欲・物欲・等、本人の本能的な欲求を満たすため、擬似家族達を手先にして、殺害にまで追い詰め「金銭」を手中に収めるべく、暗躍したというものでした。

因みにこの特集記事の中で、私は以下のようなコメントをしています。

「刑事裁判で、数多くの心理鑑定を手掛ける『六甲カウンセリング研究所』井上敏明所長は、美代子被疑者は常にリーダーになりたい男性的欲求があり、相手を服従させること事態が目的だったのではないか、繰り返すうちにエスカレートし、罪悪感もなくなったのだろうと推測する。」

今にして思いますと、悪は悪でも一筋縄ではどうにも縛れない「悪女」であったと言えます。その根拠こそ兵庫県警察本部留置場内での「自殺」、最後まで肝心の犯行に関して口を割らなかったため、担当捜査官による自供書は一枚も入手出来なかったことからも典型的な悪女と裏付けすることができます。

逮捕は殺人容疑で2012年2月、自殺は本部留置場で同年12月12日、世間では謎の自殺と今も言われている「自死」であることは周知のことです。結果的に美代子の罪状容疑は控訴棄却や不起訴扱いとなって仕舞いました。最も重要な容疑者が逝って仕舞ったわけです。

現在6人の関係容疑者が留置拘束されているわけですが、角田美代子なる怪物悪女がこの世に無かりせば、犯罪史上最も悪質な連続変死事件も生まれなかったと言えるほどに、当人の凶悪さが浮き彫りとなっているのではないでしょうか。

角田家は、角田美代子の存在が全ての支え、亡くなれば自然崩壊、消滅する運命の上に構築されていたことは誰もが疑いようのない事実です。

尼崎連続変死事件の鍵を握っていた故角田美代子被疑者こそ、この事件のαでありωと言っても過言ではありません。

鑑定項目1の回答としましては、悪女角田美代子の所業によって、擬似家族として引き寄せられた人達が美代子の悪業オーラに幻惑され、この「女」に付いていれば、悪が悪として発覚しないであろう錯覚的意識に支配されていたからこそ、長年にわたっての悪業が悪業として意識化されないまま引きずられていたと推察されます。美代子に牛耳られている人間には、道徳性も罪悪感も、限りなく無意識の層に押し込めない限り生きていけなかったのではないでしょうか。

たとえ、逃げ出す意志はあっても、まず思いつかないほど、美代子のパワーは強烈であったと推察します。例えば後になって（２０１４年10月）神戸拘置所内で被告人Ｒが当方の持参した「文章完成法テスト」の連想文で、あの時、妻子を連れて美代子から離れ遠くへ逃げればよかったといった内容の文を書き入れていますが、今だからこそ書けることで、美代子の偽ファミリーのメンバーだった当時、そのような思いは露ほども湧いては来なかったのではないか。

美代子の言うがままに振舞っていた悪業が、悪業と思わないで済むという錯覚に近い心情を抱くほどの悪のパワーが、オウム教団や独国はヒトラー政権の下、平凡な人間が強力な権力をわがもの顔で行使した歴史が語る、人の心の「魔」ともいうべき異常心理の渦中に、偽ファミリーのメンバー達は陥っていたと推測します。

常識では、計りえない美代子のパワーの存在が全てであったと見て間違いは無いのではないかと確信します。

才媛でもあった高松の「Ａ」から、知的に問題がありそうなメンバーまで、さまざまな人間が角田一家と関わったとされていますが、一度、縁が成立しますと、最後は殺すか殺されるか、いずれかの立場に追い込まれて仕舞うという摩訶不思議な偽美代子ファミリーの存在が形成されていた事実を受け入れない限り、事の真実は掴めないのではないか、と思ってみます。

2、被告人が、角田家の一員となり、そこに留まり続けた理由について

〈回答〉

七人の弁護士のお一人T弁護士と同伴し、被告人の母親と面談（六甲カウンセリング研究所恵比寿分室にて）した話の内容でわかったことですが、母親自身が覚醒剤取締法違犯の罪で、刑務所行きとなり、その間、R被告人が刑を終え家に戻ったのは両者入れ違いだった、とのことでした。

その時母親が語った内容は、深刻なものでした。「私があのように刑に服すことがなかったら、息子を温かく迎え、次のことも考えたのかもしれませんが、夫だけでしたので、無責任にも本人を美代子のところへ、弟子入りとかの大義名分をととのえ連れて行ったのが、今回のような大事に到った理由だと今でも夫を恨んでいます。」

美代子との本格的な出会いはこの時からだったということになります。

さて、美代子ファミリー内では、美代子の言動が重要となります。何かあると、事あるごとに尼崎の暴力団のボスの名前をことさら散らつかせ、皆に圧力を掛けていた美代子だけに、一度はヤクザの組織に身を置いた被告人には、１００％プレッシャーになっていたと、神戸拘置所での接見で当人が表明していました。

勿論それは一つの要因ではありましても、美代子から離れられなかったのには一体何があったのか。

①.居心地が良かった。
②.次なる行き場所がなかった。
③.美代子に喜ばれることを良しとした。
④.本人は贅沢したとか上等のものを食べさせて貰ったわけでも無い、と言い訳に近い言葉を吐きながら、やはり快楽的愉悦のグループの騒ぎには惹かれていた。
但し、この件に関しては、とても控えめな表現であったことは確かです。
⑤.今だからこそ言えるのかもしれませんが、美代子から離れると父や母、そして妻子に害が及ぶので、離脱が出来なかったこと、文章完成法テストに記しています。美代子の悪行を身近で目撃しているがゆえに、どっぷり浸かって仕舞った自分が逃げ出すとなれば、どのような反動があるかは火を見るより明らかだったと言えます。

彼にとって、美代子と共に悪に手を染めることで、ある種の自己顕示欲を満たすことが出来たといえます。しかし、美代子が被告人の「邪」をすべて引っ張り出した、とも言えなくはありません。

3、被告人のパーソナリティ及び心理等に疑われる障害等の有無とそれが本件に与えた影響について神戸拘置所内での規則正しい生活に加えて外からの過激なストレスが侵入しない現在、R被告人の「パーソナリティ」は正しく安全運転にて一日を通過していると、比喩的に表現出来る程に心身共安定しています。裁判の結果、量刑がどのようになるのか、日々、内面の苦悩の渦中に在って、意識の上で不安が身を焦がしているのかしれませんが、「接見」からはその表情を感受することは出来ません。

常識的な素人判断からでも、被告人Rの犯罪の累積は、量刑において「ボーダー」ラインの判決が下されるものと推測して当然の結果といえます。

本来なら悔やむレベルを超えて絶望感が心身を押し潰しかねない現在にあって、被告人の表情・言動は、ほとんど健康人と変わらない印象であったというのが偽らざる私の心境です。

主犯の悪女美代子の自死も手伝いダイナミックな日々を過ごした長い年月は夢のまた夢と似ているのではないでしょうか。心理鑑定依頼はR被告人のパーソナリティの歪み、病理などが犯罪行為を繰り返していた歳月の間に顕在化していたのであろうかといった問い掛けであると受け取っています。

その視点での犯歴のバックグラウンドを探していますと、常識をはるかにオーバーした被告人の、過去の生活実態は見逃すことが出来ない深刻さを背負っていたものと推測しています。

ところで、私は接見に際し、幾多の質問紙及び投影法の一種であります文章完成法テスト（SCT）

などを活用し、内なるR被告人のパーソナリティ、コンプレックス、知的レベル、罪悪感、道徳心、自我の中核の歪みなど、鑑定出来ないかと考え接見に臨みました。

その結果を総括しますと、以下のようになります。

パーソナリティ：陽性の外向性性格、現実適応型で過剰なほど周りに合わすキャラクター、と言えます。それ故、抑圧が行き過ぎる過剰適応の性向が顕著です。酒乱癖の義父が、息子に常識を超えた家庭内暴力を日常的に振るっていた、という事実が指摘されています。被告人Rの口からも、また心理テストからも、我慢・抑制し続けていたことが、見えてきます。

パーソナリティの特徴として、極端な過剰適応・自己抑制を内に秘めつつ、場面次第で、うっ積したエネルギーを爆発させる衝動性を秘め、極度な抑制と爆発を中核としながら、同時に人付き合いの良い好人物的同調性の気質が、人格の中核に二つの軸となり、周りから見ると都合の良い、利用しやすい人格と映っていたと推察できます。即ち、利用される「いい奴」を演じて生き抜いてきた結果が、悪の街道であったと断定できます。

悪いと分かっていて、内心はそこまでしてはいけないとの思いはあるにしても、その場の指示命令者には絶対従ってしまう自我の弱さが致命傷だったと言えます。

4、その他、美代子と被告人との関係、被告人の生い立ちに関し、特筆事項するようなことはあるか。

〈回答〉

第一回接見において、被告人の話した内容をテーマ毎にまとめました。美代子との関係がどうであったのか、また母や義父、そして弟とのかかわりなど、考えさせられるエピソードと言えます。その当時の心境など見えてきますので、アットランダムですが、以下、記載します。

接見記録

日時：２０１４年9月25日　13時〜16時

①．母と美代子の似ている点

世話好き。世話をして相手に見返りを求めるような気持ちを持つところ。物事に対してどんぶり勘定。言うことは言っても、最後までやり通さないルーズな点。

②．母と美代子の優しさの違い

美代子は優しいとは言えない。優しいことをしてきたら、後で何か言ってくるやろうな、と思う。母は子どものことを　考えていたところもあるが、見栄という理由が多かった。たくさん習い事をさせたりして、我が子がいいところの子と思われることを期待していた。自分は実際には行きたくない習い事をたくさんさせられたという気持ちだった。

③．義弟

僕と全然違う。側にいてすぐに美代子の正体はわかった。義弟はわるいことを知らずにまっすぐに育った。自分は警察のお世話になったこともあり、悪いことを身近に感じて育った。美代子のところにいて、10日間くらいはそんなに嫌とは思わず、後に美代子のやっていることは悪い事だとわかったが、悪いことに馴染みがあるので、はっきりとしてダメという感情にならず、判断が曖昧になった。離れようとしても圧がかかるので、無理だと思っていた。

④. 暴力団

暴力団に1年ほどいた。もし逆らったりしたら、逃げ切るしかない。はじめは興味があって入った。本当に悪いことをしたいという気持ちはないが、一目置かれたいような気持ちはあった。

子供の頃から、父母の知り合いのヤクザが家に出入りしていたので、そんなに違和感を感じなかった。母の知り合いとして紹介された人がヤクザで、そのきっかけで連れて歩かれるようになった。住友○○に働いていた頃も、職場に怖そうなヤクザが自分に会いにやってきていた。暴力団を抜けるには30万円ほど支払ったが、その後、定職に就き結婚して子供ができた。その頃はようやく自分も落ち着いていたと思える頃だったが、そのあと美代子に会うことになってしまった。

⑤. 凶行

美代子の命令さえなかったら、被害者が逃げてくれても構わなかった。8割はロボットのように命令されるままだった。残りの2割は自分だけ汚れ役をさせられるという理不尽に対する怒りがあった。

被害者が亡くなる時は嫌で、近寄りたくもない。美代子が殴っている様子は、殺意は感じなかったが、度が過ぎていると思った。血を流したり、ひどい状態を見ても平然と殴り続けていた。血が出ているところを目がけて、そこを狙って余計になぐっていた。自分は見ていられないと思った。

世間では美代子だけでは押さえ込めないところを自分が美代子に命令を受け、押さえ込んだと思われているが、実際にはいつもことは収まったあと（美代子がその場を制圧した後に）呼ばれるだけだった。

遅れてその場に行くと、他のメンバーは美代子と口裏を合わせて自分に話をするので、信じ難いが、全員で言うので信じるしかなかった。（具体的に何のことかは語られなかった。）

グループの中で自分だけがまだ家族が壊されていなかったので、そこに被害が及ばないように自分は美代子の言うことを聞いていた。

⑥．刺青
入れているときはずっと痛い。2、3日はズキズキする。痛み止めを使う人もいるが、自分は使わなかった。暴力団に入った時、構成員の上の人から「ヤクザするのにスミもなくてどうすんねん」と言われていたことと、興味があったので入れた。

⑦．なぜ美代子にノーと言えなかったのか

接したものでないとわからない。今までに会った事も見た事もないような人間。美代子さえいなかったら、自分には何も起こらなかった。

⑧．そもそも美代子を自分に紹介したのは義父である。その義父は美代子にべったりで、いつも自分に

「美代子を怒らすな、美代子の言うことさえ聞いていれば間違いない」と自分に言って聞かせた。義理であれ父という人が慕う美代子と考えると、そこまで悪い人ではないのか、と自分の信念（美代子は悪い人である。）が揺らいだ。それほど父の言うことは自分にとって絶対的なものだった。

⑨．自分だけなら尼崎を捨て、逃げ切ることはできた。悪いことは嫌だったが、自分がそこにいることで、家族を守っていた。

⑩．子どものころ、日常的に父から暴力を受けていた。母は夜の仕事に出る時、弟が暴力を受けないように祖母のところに預けた。自分だけが家に残り、父の暴力を受ける役回りだった。

この話の語りから、推測します限り、美代子にとって、被告人Rは例えばおじとの養子の縁組を成立させたとしても、最後まで使用人の一人としてしか扱っていなかったことがわかってきます。策は全て、美代子の脳裡に閉じ込められていて、自己本位、自己主義的金銭保持、であるため、肝

心の本能的金銭欲求成就の目的を他人に明かすことなく、金銭に執着し、まわりの人間は手足の様に使うだけ。それも美代子の身内とは差別され、被告人の扱いは、単に道具ではなかったのかと、被告人Rの言から推察致します。

虐待や殺人も、結果的には、金銭獲得と自分に歯向かった人間への見せしめが主であるため、被告人Rの役割は、その手段と目的に役立つ道具に過ぎなかったのです。美代子は、金銭略奪のためなら、相手を死に追い込んでも構わないが、被告人Rにとっては、金銭のメリットは無いわけで、いずれの事実も主犯ではなく、単なる女ボスの使い走りに過ぎなかったことは明白といえます。

美代子の向こうに暴力団のボスの存在が怖い人間の存在を念頭に入れての美代子ファミリー内では、美代子が気に入り喜ぶことをしておれば、「暴力装置」の地位は崩れていないので、居心地がよかったのでは無いでしょうか。

それにしましても、「道徳感覚」がノーマルではありません。借金とバイオレンスの泥まみれの我が家。それだけに、四国や愛知へ家を離れての「寮生活」では、父親のバイオレンスからも逃げられたので、野球部に固執したと言えます。

いわゆる尼崎の生活苦にあえぐ最下層ともいえる住民環境下にあって、生きるための今だけにすがる複雑怪奇というべき環境をリアルなタッチで小説化した車谷長吉著「赤目四十八瀧心中未遂」は、美代子の生い立ちを鮮明に裏付けする最下層の人たちの姿をイメージすることができます。落ちぶれた一流大学出の小説家が、古ぼけた文化アパート四畳半の狭い部屋で、もつの串刺しを一本80銭で引き受け、一日何千も仕上げる作業を通して、ギリギリの生活レベルで生命をつないでいる人たちの息遣いを描写してくれています。そのような環境下で育った子どもが、大人になった時、特異なキャラを背負っていても可笑しくないと思えてくるのです。

〈結語〉

被告人Rのパーソナリティ心理判定の難しさは、当人のキャラクターの不明性にあります。自己(ego)とか自我(self)といった言葉で表現するその人固有の一貫した「私」の姿を誰もが持っていて、現実に対応しながら生きている自分を私たちは了解していると言えます。ところが、被告人には、その顔が判然としないのです。よく言えば、多面性、個性豊かな人柄、しかし、問題ありと推察しますと過剰適応型のダブルパーソナリティ、衝動的人間に特有な瞬間的刹那的エゴのかたまり、と言えなくはありません。

ただ、文章完成法テストや接見から当人の心理的背景を洞察します限り、複雑なパーソナリティの図が、見えてきます。実母の逸脱した日常の一貫性のないライフスタイル、酒乱の義父の家庭内暴力に怯える日常など、過酷な生育環境を下地にした、幼小中の生活、一時的に解放されたハイスクールの野球ライフ、後に更なる身内の重圧のリスクファクター、等々の状況下にあって、今に到る40歳、自分を素直に出し切る余地は無かったのでは、と同情を禁じえません。

とりわけ深刻であるのは、当人ではどうにも押し返せない圧に潰れかけ、過酷な自己抑制、抑圧は強いられても、無意識にAなりBなりCなりのパーソナリティに乖離してしまうといった心の防衛が、病的に仕組まれていたため、苦悶が生じない、更には、苦悩といった内的意識の反芻作業に鈍麻である故、心の葛藤に深みがなく、時に場面によってAになりBになり、Cになるパーソナリティであり続けても苦悶が生じない、といった先天性とも言えるキャラでは一貫した道徳性が身につかない運命を背負っているともいえます。

まわりの人間に合わせてどうにでも変身出来るパーソナリティであるが故に、たまたま運悪く極度に異常な「殺人鬼美代子」と遭遇したことで操られてしまった悲運の人生だったのではと推察致します。「殺意」があって暴行するのではなく、美代子に「迎合」するために、「そうした」というのが心理的事実であったと確信しています。

R被告人のこの心理鑑定書は、一度は容認されたのであるが、しかし、七人の弁護団より差し替えを促され、新たに書き換えたのが、次に紹介する一文である。その前に先立ちひと言私の考えを記したのがこの一文である。

「人を殺す」というのは、人の有史以来、想像の及ばない年数の中で、生きて行くための本能、防御としてごく当たり前の事象だった、と言っても過言ではない。それがタブー化されたのは、所謂「文化」というか「社会」というか集団生活が纏ってお互いの存在を受け入れ、安全さを確保するのを良しとする社会共同体の集団生活が始まって以来のことなのではないか。

いつの間にか「殺し」は理不尽とされ、排他的なものとなっていったのである。

とは言え、争いが集団の中で、またその集団（国家）が他の集団との関わりのなかでの利害関係に行き詰まると妥協もあれば排他的拒絶が有り得るわけで、本来「動物」的存在の「人間」が、殺戮の中で生きながらえてきたのが、「歴史」である。「殺し」は時に英雄的行為なのである。

近いところでは、第二次世界大戦では、とりわけ欧州では五千万の人間が、始末されているのである。戦争とは殺し合う事、と言って過言ではない。日本でも、三〇〇万人が亡くなっている。ほんの昔、未だ一〇〇年にもなっていない、「太平洋戦争」である。生きるべく生きた自然死ではない。意図的に「殺される」場で亡くなっているのである。ひと一人を殺したという単純なものではない。

太平洋戦争末期、米国は一発の「原子爆弾」投下で広島や長崎の人達を何十万と殺しているのは、やはり大量殺人の典型と言えよう。しかし、国や爆撃が法的に問われてはいない。投下は米国では正義の行為である。一人や二人というのではない。日本が昭和一六年十二月八日（大東亜戦争）米国に戦争を仕掛けたことで、お互い殺し合うことは正しいとして、合理化されていたのである。しかし、同国人同士の間で「殺し」が生ずれば、国の法規が許さない。刑罰が待っている。

理由があっても無くても、法律的に合理化された有罪犯人の被告が、司法裁判というプロセスを経て裁判官の判断で死刑に、それ以外に人と人との間の「殺し」はタブーである。一億二千万人もの人間が狭い日本列島に住んでいるのであるが、理由ある無しに関わらずタブー。それが分かっていて、なお人を殺すという行為は明らかに社会正義その規範に反するわけで、刑罰の対象となるわけである。

相手を殺してはいけないのが分かっていてそれなのに殺すという行為は、人の存在が法で守られているが故に「法度」に触れ、裁かれるのである。それ故、どんな理由であれ「人が人を殺す」ことは許されない社会システムの下で生きているので、お互いの存在の安全性が保持されているわけである。

その様な法治下にあって「人殺し」は異常、許せない、罰せられて当然なので、人は我が身を守るためにセルフコントロールが身につき、絶対安全とはいえないまでも憎しみ合いながらも、忍耐強く、生きているのがこの世の社会と言える。にも関わらず一時の攻撃、エキサイティングで思わず手が出て気が付くと「相手」が死んでいた。相手の言動に立腹して思わず手を出したところ、その勢いで突き飛ばされ、何かに当たり、打ち所が悪くて死んで仕舞ったら、加害者として問われ、被告人となり法廷で殺人者被告人と相成るのである。

だからほとんどの人は「殺す」という所業は例え激しく憎んでも回避するという、脳の働きが回路化されているのが、文明国家の人間ということになる。そうであるのに、瞬発的であれ、意図的であれ、「殺る」という人間はまともでない、如何にも「異常の人」である。殺しをする人は正常な人間では無いのである。

どんな理由（国家間の戦争は？）でも、「相手を殺してはいけない」のであるから、動機やその時の状況がどうであれ「法を犯す」ことになり、然るべき役割の人が、警察、検察、裁判の三点セットで、事後の法的処理を行うのである。

それ故、常識的に余程でなければ、そういう「殺害」はしないのが、所謂「コモンセンス」としての我々の矜持である。しかしながら、その様な御法度を破る人間は世間的には「どうかしている奴」となる。異常というわけである。

連続犯人は正に「狂人」である。大量殺人ほど頭が変な人間の行為と写り「精神鑑定」や「心理鑑定」が必要となり、刑事訴訟法に規定される訳である。犯行時心神喪失だったと鑑定が出れば、罪は問われない、心神の耗弱なら減刑という扱いを被告人は受ける事になる。

私が主張したいのは「殺人的加害」は異常な人間の行為であると考えるのであれば、重大な傷害や殺人を犯した人は、アブノーマルとして、全員「鑑定」でその異常性を問うべきであるということである。

少年はともかく日本人の誰もが知っていると思われる「大阪教育大学附属小学校」に押し入り、児童八人を出刃包丁で殺害した「宅間守」は正に異常の極限である。当然、何人もの精神鑑定医によるチームで「精神鑑定」が。

誰が見ても異常なる行為であり、異常人間、脳に疾病ありと思って仕舞う残虐な行為、少々変な人でも、そこまではしない、全く異常人間の仕業と私たちの常識は判ずるのが普通、しかし「精神鑑定」では「少々変だが病的に異常ではない」と診断、裁判官もそう判断し、本人の希望も入れたのか死刑が宣告され、一〇〇日後処刑されたのである。明らかに変でないから「死刑」が宣告されたのである。

さて、では被告人Rの悪事はどうなのか、分かっているだけでも殺人に加担したのは多人数に及ぶ、重犯の故・角田美代子の指示とは言え、やはり殺しに手を貸しているのである。いわば殺人者である。犯行の量から言えば当然「死刑」の判定がおかしく無い悪事の量である。しかし、三審共「無期」でおさまる、落着、決着がついている。宅間守のように被害者が児童でなかったからなのか、何故無期刑か？

当時心理鑑定を引き受けて既に「鑑定書」が出来上がっていて、多分神戸検察庁にも渡っていたと今、思い出すのだが、検察官三名の方から話し合いを申し込まれ（弁護団の一人の弁護士先生も同席）、約三時間近くの会合を三度持った事があった。

申し入れの主旨、話し合いの内容は、ここで触れるわけにはいかないが、今思えば私の感触として、検察庁のお考えは、多分「死刑」の論告求刑だったのでは。あくまで私の推測であるが、現実は求刑無期であった。失礼な言い方だが、検察官方、迷っておいでだった――？と論告求刑が出た時思ったものである。

量的にも質的にも「死刑」を提示されてもいいような罪状有りのR被告人の罪状、しかし求刑が無期では裁判官、裁判員方、「死刑」という訳に行かないので、というと失礼だが「無期」としたからこそ、二審、三審も一貫して「無期」が妥当と判断されたのか、と今、改めて当時R被告人の裁判を思い出すのである。

さて、話しを元に戻して、二度目の「心理鑑定書」を弁護団に手渡した「心理鑑定」は次のような内容であった。

前著とどこが違うのか、読者の目で確かめて欲しい。

平成27年7月1日

主任弁護士
中園江里人先生

六甲カウンセリング研究所
所長　井上敏明
（臨床心理学博士）

心理鑑定書
心理診断名
「解離性異常行動症候群」

〈はじめに〉
貴職よりR被告人の心理鑑定依頼、項目1から2に到る内容に関し、当被告人との接見及び心理検査結果に基づき、その内容を得ましたので、回答致します。

1．故角田美代子が被告人を洗脳させた心理的背景

美代子の言うがままに振舞うことが道徳的にも法的にも逸脱しているにもかかわらず、「抑制心」が働かなかった、被告人の心理の背景に何があったのでしょうか。

被告人が故・美代子ファミリーと接触したころ、「お金が不足しているから、あんた死んでや。」と美代子が内縁の夫・□□□□に声をかけると、夫がいとも簡単に「分かったよ。」と日常会話の延長のような返事をしたのを傍で見て、「ここは変な家」と感じた供述を彼はしています。その時、被告人は奇妙だと感じながらも美代子ファミリーに入り込み、そういうことがここでは当たり前、と受け入れている内に（沖縄の◯◯さんの死亡事件など）、身の安全を守るためにも美代子から抜け出せなくなったと推測できます。

更には彼女の日頃の脅しの発言から、暴力団の影を意識し、ますます美代子に逆らえないと思い至ったのではと思えてきます。（本人も一度暴力団の中にいて、その実情は分かっていたのでは？）もともと角田ファミリーは、角田美代子の存在が全て、彼女が亡くなれば自然崩壊、消滅する運命の上に構築されていたと言えます。

尼崎連続変死事件の鍵を握っていた故角田美代子被疑者こそ、この事件のαでありωと言っても過言ではありません。

角田美代子の所業によって、擬似家族として引き寄せられた人達が美代子の不思議なオーラに幻惑され、この「女」に付いていれば、悪が悪として発覚しないであろう錯覚的意識に支配されていたからこそ、悪業であっても悪業として意識化されないまま彼は引きずられていたと推察されます。美代子に牛耳られている人間には、道徳性も罪悪感も、限りなく無意識の層に押し込めない限り生きていけなかったのではないでしょうか。

また、たとえ、逃げ出す意志があっても、自我の脆弱な被告人には美代子のパワーを押しのけるだけの強さは持ち合わせていなかったのです。例えば後になって（２０１４年10月）神戸拘置所内で被告人が当方の持参した「文章完成法テスト」の連想文で、あの時、妻子を連れて美代子から離れ遠くへ逃げればよかったといった内容の文を書き入れていますが、今だからこそ書けることで、美代子の偽ファミリーのメンバーだった当時、そのような思いは露ほども湧いては来なかったのではないでしょうか。

２．被告人のパーソナリティ及び心理等に疑われる障害等の有無とそれが本件に与えた影響について

神戸拘置所内での規則正しい生活に加えて外からの過激なストレスが侵入しない現在、被告人の「パーソナリティ」は、正しく安全運転にて一日を通過していると、比喩的に表現出来る程に心身共安定しています。裁判の結果、量刑がどのようになるのか、日々、内面の苦悩の渦中に在って、

意識の上で不安が身を焦がしているのかしれませんが、「接見」からはその表情を感受することは出来ません。グラスファイバー越しとは言え、彼の姿から一見、端正で温厚な人柄に映って見えたのでした。

本来なら悔やむレベルを超えて絶望感が心身を押し潰しかねない境遇にもかかわらず、被告人の表情・言動は、ほとんど健康人と変わらない印象であったというのが偽らざる私の心境です。

心理鑑定依頼は被告人のパーソナリティの歪み、病理などが犯罪行為と、どうつながっていたのか、その心理的歪みを診断して欲しいという依頼であると受け取っています。

その視点での犯歴のバックグラウンドを探していますと、常識をはるかにオーバーした被告人の過去の生活実態は見逃すことが出来ない深刻さを背負っていたものと推測しています。

ところで、私は接見に際し、幾多の質問紙と投影法の一種であります文章完成法テスト（ＳＣＴ：単語ないしは未完成の短文を刺激として与え、これから連想される内容を記入して文章を完成させる人格深層検査です。）などを活用し、内なる被告人のパーソナリティの向性、コンプレックス、知的レベル、罪悪感、道徳心、自我の中核の歪みなど鑑定出来ないかと考え、接見に臨みました。

その結果を総括しますと、以下のようになります。

パーソナリティ：陽性の外向性性格、現実適応型で過剰なほど周りに合わす事に固執するところがある、と言えます。それに加え、抑圧が行き過ぎる過剰適応の性向が顕著です。酒乱癖の義父が、息子に常識を超えた家庭内暴力を日常的に振るっていたが耐えていたという事実が指摘されています。被告人の口からも、また心理テストからも、我慢・抑制し続けていたことが、見えてきます。

パーソナリティの特徴として、極端な過剰適応のため自己抑制を内に秘めつつ、場面次第で、うっ積したエネルギーを爆発させる衝動性は否定できず、極度な抑制と爆発を中核としながらも、人付き合いの良い好人物的同調性の気質が、軸となり、周りから見ると都合の良い、利用しやすい人格と映っていたと推察できます。即ち、利用される「いい奴」を演じて生き抜いてきた結果が、悪の街道にはまり込む運命だったと言えなくはありません。悪いと分かっていて、内心はそこまでしてはいけないとの思いはあるにしても、その場の指示命令者には絶対従ってしまう「自我の弱さ」が致命傷だったと断定できます。

美代子の人格の底に悪意の衝動欲が潜在していると、見抜けなかった被告人の義父は、うかうかと息子を美代子に預けて仕舞ったのです。義父が主犯美代子の正体を知ることなく見かけの世話好きに、あたかも「義侠心」だけで動いていると美代子に疑いを抱かず預けたことが、息子の運命を最悪の悲劇の虜にした一番の理由だといえます。不幸なことに美代子ファミリーの中で生活するに従い、彼女にとって便利で有用な人間と化していったのです。この状態を一言で表すとしますと、「美代子症候群にのみこまれた解離性異常行動症の男」の所業と言えなくはありません。

〈結語〉

被告人のパーソナリティ心理判定の難しさは、当人のキャラクターの不明性にあります。自己(ego)とか自我(self)といった言葉で表現するその人固有の一貫した「私」の姿を誰もが持っていて、現実に対応しながら生きている自分を私たちは了解していると言えます。ところが、被告人には、その顔が判然としないのです。よく言えば、多面性、個性豊かな人柄、しかし、問題ありと推察しますと過剰適応型のダブルパーソナリティ(二重人格)、衝動的人間に特有な瞬間的刹那的エゴのかたまり、と言えなくはありません。

ただ、文章完成法テストや接見から当人の心理的背景を洞察します限り、抑圧的解離性を中核にしたパーソナリティの図が、見えてきます。実母の逸脱した日常の一貫性のないライフスタイルの中で育ち、かつ酒乱の義父の家庭内暴力に怯える日常など、過酷な生育環境を下地にした、幼小中の生活、一時的に解放された私立のハイスクールにおける野球ライフ、後にしかるべき会社へと就職したものの身内の干渉に余儀なくされたリスクファクター、等々の状況下に居合わせ、今に到る40歳、自分を出し切る余地は無かったのでは、と同情を禁じえません。

とりわけ深刻であるのは、当人ではどうにも押し返せない圧に潰れかけ、過酷な自己抑制、抑圧を強いられている内に、苦悶が生じない、言うなれば内的意識や心の葛藤に思いを寄せる事なく、その時々AになりBになり、Cになる多重性パーソナリティであり続けたのです。

即ちまわりの人間に合わせてどうにでも変身出来るパーソナリティであるが故に、たまたま運悪く極度に異常な「美代子」と遭遇したことで操られてしまった悲運の人生だったのではと推察致します。それだけに、美代子に「迎合」するために、「そうした」と言わずにおれないわけです。

最後に申し上げます。了解困難な被告人の心理診断は、「解離性人格」が心理診断名として妥当かと考えます。

「解離」とは心理臨床で言う人格の断片化です。とりわけ幼少時における義父の暴力的虐待が強く影響されていると考えられます。

以上

有期刑と無期刑との懲役の重さはどう違うのか?

生命は保障されても、死ぬまで矯正施設に拘束される「無期」で「矯正教育」の意味は有るのか無いのか、心理的には自らの行いに対しての自戒を深める事、死者に対しての弔いの心を持続する事なのかもしれない。悔い改めても「この世には――」。しかし、これまでに無期刑に処されていたが、何年にもわたる矯正施設での行いが、模範的であったが故に、出てきた人も。

学生運動が激しかった頃、何人もの人を殺した青年が二審で「無期」となったが矯正施設から、一〇年後出てきた、という例も何かで読んだことがある。本来なら死刑の宣告の筈が、裁判長に、足の膝までである「自己主張」を書き上げ、その論述の内容に感嘆した担当判事さん、頭脳優秀な人材と認め「無期」と判決。施設でも最高の務め振り、一〇年でこの世に出て来たのである。

「被告人R」はどんな無期刑で過ごすのか、何かを期したい思いが、何度かの「面談」の体験から親和的思いを今も私の胸中に漂っているのである。矯正施設での生活リズムに適応して欲しい思いで胸がいっぱいである。そんな「男」であった。

悪女に掴まったのが不運と思えてくるのである。

最後に、R被告人の人柄というか彼本来のユニークな持ち味の一端を言っておきたい。

心理検査には数え切れない種類がある。何を探るかで内容が変わるものの、その当人の人間性というか「人なりの深層」はなんといっても「文章完成法テスト」が一番である。同じ心の深層を探るといっても「ロールシャッハ検査」では核心の具体性が見えて来ない。しかも測定者の解釈で全く異なる結果にもなる。ロールシャッハテストで「人間性」を語れると言い張る人も結構多いが、私から見ると「分かっていない」人達である。

被告人の深層心理
―文章完成法（連想方式）検査と面会から―

R被告人の異常行動は、故角田美代子との接触がなかったら起こり得なかった特異な犯罪的逸脱行為であったと言える。因みにSTC（文章完成法心理検査）でR被告人は「もう今になって逃げきれないと思ってはいるが、（もしも）美代子と出会っていなかったら」の（私の書いた）刺戟文に反応して、—もう犯罪も犯していないし普通に暮らしている—と記述している。更には「言い訳がましいが、もしあの美代子に出会っていなかったら」の刺戟文の後を次のように綴っている—こんなことになっていないし、苦しいながらでも嫁と子供も増え、それなりに生活している。捕まるようなことはしていない—。

ところで、主犯格の故角田美代子の縛りに締め付けられた、R被告人が被害者に接する際には多少の配慮（暴力行為の手加減）はしたと言っても、犠牲者達が死に至らしめられた経緯に係ったことは事実である。しかし心理鑑定接見、文章完成法検査結果、更には弁護人接見での陳述で見えてくるのは故美代子の圧に怖れ、その重圧に耐え切れず抵抗出来なかった自我の弱さである。そうなのだが、先見的に捉える限りにおいては、まず故美代子なる破天荒な犯罪病質的ともいえる人物の存在が、これらの特異な連続変死事件の発祥と言わざるを得ないのである。それだけに何事も「初め美代子ありき」が問われると言えよう。彼女は極めて巧緻な悪知恵でもって衝動的、金銭欲の目的遂行のため、偽装ファミリーを構築し、そのメンテナンスのために、偽家族愛に基づく連帯感を悪用したのである。その犠牲者は借財の負担や社会的適応障害で行き場を失う人間を手繰り寄せ、自分の思うままに、俗っぽく言えば「手篭める手練」に類した自己中の関係づくりで自我の弱い人たちを嵌（は）めた、と断定していいのではないか。それ故自分の思い通りにならない人間だと、抹殺してしまう訳である。しかも、自我の脆弱な人間はいつの間にか、美代子の暗示絡みで「自分は自殺せんならん」と思い込まされ、崖から海岸に転げ落ちるのだから、如何に美代子が犯罪病質人間であるか分かるというものである。この辺の様子は、被告人との拘置所内での当人との語りから見ることができるのである。

「○○○○さんの自殺の前から、美代子は日常会話のように身内の者に対し、お金のために自殺をしろと言うことがありました。新聞を持っている□□□（美代子の内縁の夫）に『今、家のお金しんどいから、あんた、もうちょっとしたら車で事故起こして死んでくれるかと言い、□□□は『おお、分かった』と答えていました。（中略）私は気軽に自殺の話をしている姿を見て、『なんやこの家は、どないなっとるんや。異常や。』と思いました。また、『自殺なんかでお金が入るのかな。』という思いがありました。」

しかも、△△△の戸籍上の夫である○○○○さんが沖縄でH18年7月7日死去（自殺関与）している事実に対しての前後関係を被告人は自分の言葉で話しているのである。その内容を読む限り、故美代子被告人の悪女の実態がそのまま前面に映し出され、弁護人に語ったR被告人の発言から、社会的規範意識など皆無と思える故角田美代子被告人に操られた人間の生態が見えてくるのである。それは、あたかも甘いものに適度な塩を添えると塩梅が良いのと似ているといえる。時に塩は辛いほど麻薬のような作用となる。偽家族愛を目玉にしての愛に飢えた人を囲い込んだやり方の上等な出来上がりがR被告人であったのではないか。

美代子の手口の一つをR被告人は次のように言っている「美代子は角田家の者や私たちには、『今、家が苦しいから、○○には先に逝ってもらうんや。』、『前から、そのことは△△に言って、○○に女遊びさせたり、ええ目をみさせたっとるんや。』と説明していました。」現にその◯◯さんは交通事故で自殺を試みたが失敗、そのため自然死にカムフラージュさせるため故美代子は雪山で遭難の方法なども考えていたという。そして彼女はどうしても◯◯さんを自殺に追い込むため、沖縄の万座毛を選び、「よっしゃ。ウチの最後の情けや。ウチが一番好きなところで死なせたる。」と。現場近くのロッジで故美代子の考えで最後のお別れ会をすることになり、被告人たちなど（美代子は現場から離れていた）が集ったとか。R被告人は語る「私たちは、10時頃に万座毛に行きました。そして、前に下見しておいた崖のところに行きました。崖は断崖絶壁ですので、見るからに危険であり、誰もいませんでした。（中略）崖の際で記念写真を撮りました。（中略）結局写真撮影をしたタイミングで◯◯さんは崖から飛び降りた筈です。私は後ろの列におり、◯◯さんは私のいた左側やや後方に立っていたと思いますが、◯◯さんが飛び降りるところを直接見ていません。」

R被告人は、自らの意思で手を下すことはなかったということである。

この世に生きる限り、人は「運命」に逆らえない「何かがある」、そう思わざるを得ない。そんな心境を胸に秘め、接見を終えたのであった。

人間だけとは言えないこの世の生き物の全てに、寿命がある。

勿論、岩石とて、長い時間は掛かるものの、やはり、朽ちて行く。ボロボロとなるのである。いずれにしても限りがある。

そのように言って仕舞うと、日本列島でも幾万年前はアジア大陸と一つだったと。今も幾ばくかの数値だが南に動いているという。

本質的には、蝉の地上生活一週間程度とあまり変わらない、とも言える。

この宇宙の世界だと「人間存在」とて、その存在の「面」は無いに等しい。正しく、「点」、それも間もなく消える事、必定である。

瞬間の生命とも言える我々って、何故この地球内に何十億人も存在するのか――。幾ら考えてみても、その根拠は定かではない。如何にも「生命ある限り」の存在である。

精一杯生きても限りのある私たちの生命を誰かの手によって消される、というのは真に悲しい出来事である。

「殺人」の動機がどうであれ、消される側は、たまったものではない。

私たちは「いつか死ぬ」存在、そうなのだが、生きている限り、例え何才になろうとも意識は「生」の中に在る。

間近に「死」が近づいていても一パーセントは生への思いで生きているものである。ただし、「死刑」となると、もはや一パーセントの希望も無いだけに、死刑囚の切迫した心の中は、当人にしか分らない「限界状況感」であるのではないだろうか。

刑罰の「無期」と「死刑」は次元が異なる。

人は、生命ある限り、生きたい。しかし「死刑」は、それが許されないのである。

では「殺人」、殺された人はどうなのか？やはり、いずれの場合でも被害者は例え「もう駄目」と思わざるを得ない状況下でも一パーセントの救いを抱いているのではないだろうか、「そこまでされない」と。「殺すぞ!?」と脅されても、その直前には「まさか？」の心理が働いているのではないか——。

自分が殺されるから、防戦のため、相手を死に到らしめた、は未だ救いがある。

それに反し、最初から「殺す」と決めて殺って仕舞うのは、理由がどうであれ、罪深い行為である。

R被告人の罪状は「殺れ」と言った悪人の言に従ったとは言え、やはり自らの手で殺したとすれば、極悪人に等しい。

しかし、「殺らねば」今度は自分が「殺られる」という、真に特異なというべき故・美代子との関係下にあって、殺って仕舞う人間と成り下がっていた。

自分から抜け出せなかったとすれば「殺し」も一分の同情が湧いても可笑しくはない。

私が当被告人と神戸拘置所内での「問答」の最終回に抱いた思いであった。

罪状は「死刑」に等しいのだが、正に一分の「情」が検察官、裁判官の胸中に。

三審とも求刑・判決が「無期刑」は「そういう事」だったのではないだろうか。

第五章　これからの鑑定の在り方を巡って

「心理鑑定」が「情状鑑定」の名称に、と。一つの時代の流れが。「情状」と「心理」とどう違うのか？

従来から、司法界では「精神鑑定」と「心理鑑定」が定番であった。とりわけ「精神鑑定」は長い年月を経て今日まで。

大阪教育大学付属池田小学校の「児童殺害」の犯人「宅間守」の精神鑑定では、日本では珍しく一冊の本として出版された。それまでは、幾人かの精神鑑定を一つにした書籍、例えば『日本の精神鑑定』『現代の精神鑑定』などは有名であるのだが、一被告人の鑑定を一冊の本にして出版された例は皆無である。

岡江晃著『宅間守精神鑑定書 ― 精神医療と刑事司法のはざまで』では、対象者「宅間守」の精神鑑定の全てが記されている。被告人「宅間守」は心神喪失でも心神耗弱でもない、認知能力は事件当時保持していた、ということの「証明書」のような一冊である。それだけのことを証明するのに、本一冊分になる記述が必要だったのか、と思ってしまうのである。

しかし、八人もの児童を出刃包丁で突き殺し、「ああしんど」とへばってしまった殺人犯って、やはり「普通」ではない。社会に対しての反発心は抱いていたとしても、その反発で大量児童殺害にまで至るとも思えないだけに、やはりどこか、我々には相容れぬ、心の世界に腰を据えていた人間としか理解できない。やはり異常人間だったのである。

総人口一億二千万人近い我が国で、平然と児童八人を出刃包丁で刺し殺す人間って、他に居るのだろうか。どう見ても一億二千万分の一人である。となると、異常をはるかに越えて宇宙へ飛んで行けるような感覚を抱きたくなる「異常」である。「反社会性人格」の枠を遥かにオーバーしているのである。

しかし、岡江晃氏の精神鑑定は、そうは言っていない。如何にも人格障害の延長線の範囲である。宅間の死刑を否定しているわけではない。しかし八人もの児童を殺害した、その心神的背景の根拠が有ったのでは、と思いたいのである。

そこで、「鑑定」とはどうあるべきか、拙著『心の解読とカウンセリング』第三章、異常行動の背後にあるもの—精神鑑定・心理診断からその深層を探る—の一文を添えることで、結語としたい。

一　熱い注視の精神鑑定

一九九七年六月二十八日、「連続児童殺傷事件」の容疑者中学三年生A少年の逮捕のニュースで、教育会のみならず国民の大半が目を見張る思いでテレビに釘付けとなったことは、周知のことである。

「殺害」行為もさることながら、小学六年生の児童の首を切断したという異常性を伴う犯行、誰しもが成人、それも猟奇的な犯罪に執着する中年男性を予想していただけに、その意外性に驚いたものであった。

「本当にA少年なのだろうか」といった疑念が、我々の心を捉えて離さなかったことは、まさに心的事実。兵庫県警捜査スタッフ陣の大がかりの捜索で、次々と証拠品と推測される物件が発見され、「やはり少年の仕業」と落ち着いたのであるが、それでも状況分析から、たかだか中三少年が出来る犯行ではないといった見地よりの冤罪説も登場し、その出版物が某団体より刊行されたことも、多くの人の知るところである。

ちなみに、A少年の家裁での処分決定が出た頃、北陸のK市に招かれて、神戸の児童殺害事件に関連した「バーチャル世代の新少年犯罪」といったテーマの講演をした際、聴衆の方より次のような質問を受けた。

「私は長年にわたって屠殺の仕事に携わっています。今回A少年が犯人ということで逮捕されたのを知って思ったのですが、到底報道されているように、人の首など中学三年の子がうまく切断することが出来るなんて考えられません。私は冤罪のように思えてしかたがないのですが。どう思われますか」

あまりにもリアルな質問に答えようがなかったというのがその時の私の心境であった。

当時、報道記事で幾度も触れていたように、「タンク山」と称される場所の一角にある、文字通りタンクとアンテナが置かれている囲地の中の低い床下に児童の遺体を隠し、そこで切断したといった話を聞いて、コメント取材のため逮捕の二週間前Y新聞社の記者と現場へ出掛けた私の感触では、「少年」の犯行など思いもよらなかったというのが実感であった。しかし、事実が全てを語っていて、まさしく

Ａ少年の手で切断したものだった。

当時、中学三年の生徒がどうして？といった疑念で一杯だっただけに、少年の異常な行為はノーマルな心理状態では出来ないという見方が広がり、当然のこと、少年の精神鑑定に熱い注視が向けられた。

この少年の心をどう理解すればいいのか、その心理背景が解明されないと「酒鬼薔薇」で揺れただけに気分の上で収まりがつかなかった、というのが世間の風潮であったといっても過言ではなかったか。

鑑定書が出たのは、少年逮捕三ヶ月後の十月二日であった。

ところで、少年が逮捕された翌々日、私はＦ新聞社に「一体どんな子なのか」といった視点のコメントを依頼され、その日のうちに書いたのが次に紹介する拙文であった。

あくまでも、首を切断した殺人犯であるならばきっと、こういうパーソナリティであろうといった予測の上に立って。

〈緊急寄稿〉勝ち気で内閉的——屈折した攻撃欲望の誘惑に負けた

淳君殺害事件で逮捕された少年は、一体なぜ、あれほどまでに大胆で残虐な行為を犯す少年になってしまったのか。少年の心理分析に詳しい臨床心理家の井上敏明所長に弊社が依頼した。

＊＊＊

切断行為の犯人の大半が、「孤立・孤独」の生育史の中で生きていた人間が多いといわれている。

この少年も、家庭内の「絆」といった人間の成長に必要な心の栄養が、欠如していたのではないか。内向的な性格で、しかも、勝ち気で負けず嫌いで、闘争心が強い少年像が浮かぶ。

そんな子が、ファミコンやバーチャル（仮想現実）世界で攻撃性をエスカレートさせ、いつの間にか、仮想と現実の垣根を越えて、実験をしたくなり、時に人殺しにまで至るという悲劇が、この種の事件の筋書きだ。家庭内の本人のありようはどうだったのか。親は逮捕まで何も気づかなかったのだろうか。もし、そうであれば、この少年は、親にも内なる心情を見せない、特有の心の持ち主だったのかもしれない。

資質としての極度な内閉的キャラクターであるがゆえに、親の方も接触を遠慮していたのか、あるいは、おとなしくて反抗のかけらもないため、心の世界に立ち入ることができなかったとも考えられる。いずれにしても、バランスの取れた親子関係ではなかったようだ。

こうした症状は、臨床心理学では「失感情表現言語症（アレキシサイミア）」と言う。ストレスを内にためすぎて、うっ屈したエネルギーの発散をテレビゲーム風の攻撃的な遊びに求めたと思われる。「言いたくても言えない」といった気の弱さが災いして、攻撃性をバーチャルな世界で燃やしている間に、そのおもしろさに取りつかれてしまったのだろう。もともとの凝り性で完ぺき主義の性格に支えられて、攻撃欲求が刺激され、歯止めがきかなくなったのではないか。

日ごろ目立たない自分への代償行為なのだろう。そういった性格の一端が、犯行声明文にも読み取れる。外見的には、おとなしくても勝ち気で執拗な性格の人間ほど、内に嫉妬や願望の感情を強く抱くものである。かなり不幸と予想できる家庭での、幼少からの屈折した歳月の長さが、中学生に成長したころには、ある種の「人格障害」にまで至るゆがみを生んだのだろう。そして、いつも自分を合理化、理屈化するという心の仕組みを身につけてしまったようだ。

そう思って、声明文を読み返せば、犯行を大規模に仕掛け、大人の犯罪であるかのごとく見せかける煙幕作戦だったと思えてくるのである。

(一九九七年六月三十日)


少年の犯行後および、その後の経過を前提にしての推測の域を脱せない程度の即席コメントであった。ところが、少年が医療少年院に送致され、彼にとっては初めての正月の七日の朝、捜査本部の設置されていたS署のK署長から、次のような内容の電話があった。

「書いておられる彼の心的状況は、全くその通りです。」

こう言って貰ったのには理由があった。

少年逮捕の一日前、S署を訪れK署長と未だ捕まっていない犯人像について、あれこれ話し合ったことがあり、少年に関する先の文章を年賀状と共に送付したので、その読後感の電話だったのである。さらに、その年の春も終わりに近い二月の末、ちょうど店頭で少年の検事供述調書掲載の『文藝春秋』(三月号）が売り出されたその朝、再びS署を訪れたのであったが、K署長いわく、「少年Aのパーソナリティを一言で表現すると〈不気味〉としか言いようがない」とのこと。犯人像が判然とせず、識者の発言が巷で沸いている頃、私は「少なくとも人格障害レベルの問題をもっている人間」とコメントしていたのであるが、先の寄稿文の内容といい、犯人像の予想といい、結果的には限りなく近い線をいっていたと、いまも自負している。

では、人格障害といっても、どのようなタイプの障害なのか。私は当初から『DSM—Ⅳ』（当時使われていた）でいうところの「人格障害」を予測していた。私なりの心理診断推理と言える。

少年Aの犯行に関する精神鑑定は、二人の精神科医によって作成されたのだが、その内容は大筋において「精神病」とも「精神病質」ともいわず、いわゆる「性格の偏り」によるものという結論に到る、と私は解釈している。

ここで、中井・山口両精神科医の鑑定結果から、少年の異常性についての、専門家の鑑定書作りの微妙な筆致に関して、検事調書をダブらせ、私なりの考えを述べようと思う。

私が資料としているのは、一九九七年十月十七日、神戸家庭裁判所が少年Aの処分決定において公表した「精神鑑定書」の一部である。

「非行時、現在共に顕在性の精神病状態にはなく、意識清明であり、年齢相応の知的判断能力が存在しているものと判定する」。

判事が処分決定に際して最も重視したところであるだけに、この部分は鑑定の核心であると判断し、注目したい。

この精神鑑定書の審判における役割は、一つが、犯行時、少年Aは「心神耗弱」であったとする付添人の主張に対する回答であり、二つが、処遇に対する意見具申の参考となるものである、ということであった。

判事として処分決定を下す立場であれば、少年Aの、奇怪とも変質とも異常とも取れる首の切断行為が、精神病によるものかどうか、専門家の考えを念頭におくのは当然であると言えよう。

さらには、仮に「心神耗弱」でも「心神喪失」であったとしても、少年に対する処遇の見通しを抜きに処分決定はできない。累犯が今後その処遇のいかんにおいて「可」なりとすれば、どのような方法が考えられるのか、精神科医の意見を聞くことでなければ、その処遇内容の決定は難しいと言える。

それだけに、判事が「鑑定」結果を重視したとして、それはそれで当然のことと言えよう。

となると、鑑定がどこまで「信頼し得るものであるのか」ということになってくるのは必定。鑑定に頼らざるを得ないがために、少年Aに関する処分決定の文中に相当のスペースを割いて、その内容を引用し重視したとしても、それはそれで問題ないのであるが、肝心のA少年に関する「精神鑑定」は、何を鑑定したのか少々疑問を抱かざるを得ない内容のように思う。

この鑑定の結論は、「心神耗弱」でも「心神喪失」でもないとして、付添人の言い分は避けられている。

となると本来ならいま一人別の鑑定人を申請すべきではなかったか。狂気というべき犯行であるのは周知なのだから、幾通りかの鑑定があっても不思議ではない。

決定文中、判事は第五の「非行時における精神状況」で、いわゆる弁護人としての「付添人」が心神耗弱下にあったとする主張に対し、二人の鑑定人の鑑定書と証言から、「成人の刑事事件にいう心神耗弱の状況にあったまでとは言えない」、といった見解を示している。

その理由づけとして判事は、先の鑑定書の引用文に続いて、次の文章内容を根拠にしている。

「未分化な性衝動と攻撃性の結合により、持続的かつ強固なサディズムがかねて成立しており、本件非行の重要な要因となった。

非行時並びに現在、離人症状、解離傾性が存在する。

しかし、本件一連の非行は解離の機制に起因したものではなく、解離された人格によって実行されたものとは言えない」。

私たちは常識的見地に立ってこの一文を読む時、この内容をどう理解したらいいのか、まことに奇妙な文章、文脈としか思えない。

元判事としてのキャリアのある北海道大学商学部教授・渡部保夫氏は、一連の冤罪事件に関して刑事事件のいきさつを『刑事裁判ものがたり』で論述しているが、その中で鑑定の誤謬可能性に力点を置き、「素人にとって理解できないような鑑定は存在しません」と断言している。

「鑑定」なるものが「確実性の外観を与える」とは、西ドイツのカール・ベータース教授の言として法曹界では周知のこととか。鑑定に接することなど皆無である人の意識ではベーターズ教授の言ではないが、読むうちに分からなくなったとしても、分ったような気になり、「そういうものか」、と何となく納得してしまうのが現実なのである。

先に引用した文章も「そうかなるほど」と妙に分ってしまえば、それはそれで一見筋が通っていて、精神科医はなかなかに読みが深いと思えるわけである。

しかし、一歩踏み込んで熟読してみると、変と思えてくるのも事実だ。

その一つが「年齢相応の知的判断力有り」の文面である。

知能の働きは、ある程度機械的側面を持っていると言って別段不思議ではない。単純に手や足を動かすのに似ている。知的働きがすべて判断であるとは、だれも考えていない。

しかし「判断力」となると、いささか趣が異なってくる。尺度というか、基準があらかじめ設定され、前提となるところの価値意識を抜きにして「判断」とは言わない。

善と悪、真と偽、可と否を判断するのに時には、文化的差異、時代状況、思想の根拠の違いはあるにしても、少なくとも道徳的常識的に「良いこと、悪いこと」といったレベルのカテゴリーに組み込まれた「判定」こそ、「判断」である。人を殺して首を切断した少年の行為でも、年齢相応の「知的判断能力」があったとする鑑定文は、いささか奇異な感情を抱いてしまうのである。

仮に、鑑定文にあるように「未分化な性衝動性と攻撃性との結合により、持続的で強固なサディズムがかねて成立しており、本件非行の重要な要因となった」としても、やはり「判断能力が存在」していたという鑑定人の考えは容認しがたいといって過言ではない。

いま一つ、この鑑定文で注目したいのは、「解離された人格によって実行されたものでない」という文章の下りである。さらには、連続の非行が「解離の機制に起因したものでなく」、それでいて「非行時並びに現在、離人症状、解離傾性が存在する」とあるのは、どう考えても「文脈」的につながらないのである。先に紹介した、北海道大学・渡部保夫教授の「その鑑定事項・鑑定の原理や方法について精通するよう努力することが必要であります。素人にとって理解できないような鑑定は存在しません」、という発言からすると、少年Aの連続殺人事件の非行に関する鑑定書の内容は、ほど遠いものと言わざるを得ない。

しかし、A少年の一連の犯行の重大性、深刻性、残虐性を思う時、何かしらの精神的な異常を想定しないで、「知的判断能力」があり、しかも精神疾患の傾向も犯行に関係なしと断定されてしまうと本当なのか、と疑念視せざるを得ないのである。

検察庁より提出された「検事供述調書」によれば、

「―前略― この様にして、B君の首を切り下ろしたのですが、その首を地面の上に置いて鑑賞しました。

地面に置いたB君の首を正面から見ましたが、しばらくは、この不可思議な映像は、僕が作ったのだという満足感に浸りました。

ところが、しばらくすると、B君の目は開いたままで、眠たそうな目をして、どこか遠くを眺めているような目をしていたのです。さらにB君が僕の声を借りて、僕に対し、

よくも殺しやがって、

苦しかったじゃないか、

という文句をたれました。それで僕は、B君に対し、

君があの時間にあそこにいたから悪いんじゃないか、

と言い返しました。　―後略―」

とある

これが思考化声的会話であることは、当時の新聞に識者のコメントとして記事となっていた。この供述内容が事実とすれば、誰だって普通のというか、正常の範囲の意識下における状況とは判断する人はいない。

となるとやはり明確に「精神病」が起因しているとまでは言えなくとも、ある種の傾向を呈しているということは誰も認めるところだろう。

『DSM―Ⅳ』によれば、「解離性障害」の項目の中に「解離性同一障害・離人症性障害」などの定義

が記載されているが、前者では人格状態の少なくとも二つが、反復的に患者の行動を統制するとあり、後者はあたかも自分が外部の傍観者であるかのように感じている、持続的または反復的な体験などを取り上げている。A少年の精神的状況における意識とその行動は、いま取り上げた解離性と離人性を同時に持ち合わせていたからこそ、現実的なものとなったのではないか、と推測してみたい。

昭和二十二年（一九四七年）は、複線型教育システムをアメリカ方式の「六・三・三・四」単線型に変えた歴史的な年であった。

日本人の人口の大半を占める「新制中学」卒業生がかつて中学三年生時代に、児童を殺害し、切断した首を鑑賞し、犯人の通う中学校の校門にその首をさらす、といった一連の異常行動をとった人間が一体何人いただろうか（鑑賞し、首をさらすことはともかく、いじめられる高校一年生が、いじめる同級生を殺害し、首を切り、四十八ヶ所ナイフで突き刺したという事件が、関東の私立学校の在学生によって起こされたことは、あまり知られていない）

皆無に近いとすれば、少年Aの犯行は何千万人に一人である。量の大小だけで「異常性」であると断定するのが必ずしも正しいとはいえないまでも、ことが何千万人となるとそうはいっておられないのではないか。

少なくとも常識でいう正常の範囲を逸脱している「異常行動」であることは、誰もが承知せざるを得ないものとすれば、やはり単に反社会的な行動というより、「病的」な心的機制を前提にしない限り、

A少年の行動は理解できないのではと考えるのである。

事件発生から逮捕まで、児童連続殺傷事件の捜査本部は、地元のS署内に設置されていた。少年の処分決定の三ヶ月後、当時のK署長から直接私が伺った話は先にも触れたが、担当者たちの共通した感触は、誰もが「不気味で冷状的な子だ」ということであった。

そういえば、五月二十四日の昼頃、児童を殺害し翌日に首を切断して補助カバンにしまい込んで持ち歩いていたわけだが、現場のタンク山から降りてくる途中、警察官たちと出会った場面の供述書を読むと、A少年の意識世界は間違いなく普通ではないと思えてくる。

供述書からその辺りの様子を探ってみたい。

「―前略―その補助カバンを右手に持って入角の池の方に歩いていきました。
入角の池へ行く途中だったと思うのですが森の中で、三名の機動隊と思える人たちと会いました。
その人たちは黒っぽい服に前にツバのついた帽子をかぶり、肩には細い縄を掛けていました。さらにその人たちは、その人たちの身長よりも長い棒を持っていたので僕は、僕が知っている警察官の格好ではなかったことから、機動隊の人だと思ったのです。
この機動隊の人と思われる三名の人と出会ったのですが、その時三人の中の誰かから、
君はどこからここに入ってきたんだ、
と聞かれたので僕は、

公園の入り口から入ってきました、
と答えたのです。すると、その中の誰かが僕に、
危ないから帰りや、
と言いました。―後略―」
この供述の後、A少年は検事にその時の心境を尋ねられ
「別に何とも思わず平常心でした」、と答えている。
平常心と本人が言ったかどうか気になるところではあるが、結果的には、首の入った補助カバンが膨れていたであろうに不審がられることもなく、三名の警察官から「危ないから帰りや」と親切に声を掛けられたという事実は、外見上ごく普通の子の様子と判断したということになる。極端に普通でないことをしでかしているのにもかかわらず、当人は平然とそれを受け入れているということのその背後に、人格の異常性や病理性が無いといえるのか、いや仮にあるにはあるとして、その犯行の際「解離・離人」的、身と心の機制は働かなかったと断定できるのか。何千万人に一人の割合でしか発生しないこのような犯行は、やはりある種の病的な傾性を前提としない限り、精神鑑定として成立しないのではないか。
精神科医ではないので「病性」的診断はできないものの、私なりの心理的所見を述べるとすれば、「人格障害」のカテゴリーに属し『DSM-Ⅳ』の分類基準でいうところの「分裂病質」と「分裂病型」がオーバーラップした人格障害と推察している。

「人格障害」として『ＤＳＭ－Ⅳ』は、「その人の属する文化から期待されるものより著しく偏った肉体体験および行動の持続様式、①認知　②感情性　③対人関係の機能　④衝動の制御」を挙げている。

首狩り族の文化や日本でも戦国時代の価値尺度では、「首」を切断することはごく自然だったと言える。だからといって現今の文化社会では通用しないわけで、それを良しとする人間はやはり人格障害者であると診断されても、世人のほとんどが認めるところである。

医師だけが診断する特権があって他の者は口にしてはならない、というタブーがあるわけではないのだから、素人でも分かる範囲での異常は異常と判断しても、悪いとはいえないのではないだろうか。

『ＤＳＭ－Ⅳ』はＡ群人格障害として、「妄想性」「分裂病質」「分裂病型」を、Ｂ群人格障害として「反社会性」「境界性」「演技性」「自己愛性」さらにＣ群のそれを「回避性」「依存性」「強迫性」と分類しているが、「少年Ａ」に添う類型としては、Ａ群の「分裂病質」と「分裂病型」の二つがオーバーラップしていると言える。

その両者から該当しそうな項目を挙げてみる。

①　ほとんどいつも孤立した行動を選択する。

②　他人の称賛や批判に対して無関心に見える。

③　情緒的な冷たさ、よそよそしさ、または平板な感情。

④　行動に影響し、下位文化的規範に合わない奇異な信念で、または魔術的思考（例・奇異な空想ま

たは思い込み）。

⑤　普通でない知覚体験、身体的錯覚も含む。

⑥　奇異な考え方。

⑦　不適切な、または特異な行動または外見。

これらの項目は「人格障害」としての分類基準諸要因である。

人格障害が「心神喪失や心神耗弱」とどの程度に関連があるのか。

幾度もの鑑定が錯綜したと言われる、連続児童殺しの犯人・宮崎勤ですら犯行時はそうでなかったからと「死刑」が宣告された。「診断・鑑定」がいかに至難であるかの証左と言える。しかし、A少年の場合に限っていうのであれば、誰が見ても「冷情性」の人格障害と見てまず間違いないのではないだろうか。

だが、今回の鑑定文では、「人格障害」という概念は導入されていない。だから、処分決定文で判事は「少年は年齢相応の普通の知能を有し、意識も清明である。精神病ではなく、それを疑わせる症状もないのであって、心理テストの結果にも精神病を示唆する所見がないと認められる。したがって、少年が本件各非行時、付添人の主張するような性格的偏りがあるにしても、成人の刑事事件にいう心神耗弱の状況にあったとまでは言えない」、と述べている。

本当のところ、性格の偏りのレベル程度で供述書に記載されているような行動が、可能なのだろうか。

実際、児童を殺害して支配欲求を満たし、「幼い子どもの命を奪って気持ち良いと感じている自分自身に付する自己嫌悪感」を軽減させるために、遺体切断によって出血した「口一杯分の血を飲みました」というA少年は、鑑定人や判事の述べるところのような、単に「性格の偏り」だけのパーソナリティだったのだろうかと、いつまでも疑念が残る。

犯した行為に対しては、行為の事実だけが問われるのか、それとも人格やその行為の背景にある意識障害が問われるのか、現今の刑法では、犯人が精神病と初めから分かっている限り被告として問われることはなく、訴訟が可能かどうかを決める段階で検事が専門家の意見を聴取し決めているがために、余程の大犯罪でない限り「病者」は「裁判」という法廷に立たされることはない。

しかしながら、この世を震撼させた事件となるとそうはいかない、というわけである。

「一罰百戒」的考えが日本の司法界の根底にあるのかもしれない。それにしても、人の心の奥のその奥の深層にまで辿り着いてみるという作業には終着駅が無いと言える。

判定し鑑定する側の診断力の有無もさることながら、尺度の違いによるということも否めない。

昭和二十四年八月六日の午後十一時に発生した、弘前市内での大学教授T夫人殺害事件の罪に問われた那須隆氏（当時二十五才）が、冤罪者として刑務所に服役したものの、真犯人が時効後現れ無罪決定となったこのケースは、その裁判の途中、二人の精神科医による「精神鑑定」が人を鑑るとき、どうにでも言えるものだと思わせるものであったことを示す好例であった。

一方は「善人」片方は「悪人」、判事は「悪人」という考え方を示唆した鑑定書を採用した裁判であった。ともあれ、精神鑑定や心理診断が問われる刑事事件が増大しつつある現状にあって、その立場で職する専門家の力量がますます問われてきていると言える。

二　銃砲刀剣類所持等取締法違反被告人事件

ここで私が作成した心理診断書が実際の裁判において、判事はどのように導入し判決したのか、その一例を紹介しようと思う（私自身、これまでに「殺人事件」で問われた被告人の側に立っての法廷で、三回証言した経験がある。いずれも家庭内殺人の事件であった。）

問われた被告人（二十五歳）はストーカー風の暴力行為の罪で、すでに懲役六ヶ月を宣告されていた。また銃砲刀剣類所持等取締法違反被告人でも、罰金三十万円に処せられたのに、再度所持違反で現行犯逮捕され、検察庁より起訴となった。

心理診断の依頼は、弁護人のS弁護士からである。その理由は「この程度の犯行の場合、大半の被告が『もうこれからは同じ罪を犯しません。真面目に仕事に就いてしっかり働きます』、と警察官や検事の前で反省を示すものですが、彼は『またやるかもしれない』と素直というか率直な返事で、しかも平然としていて、どういうパーソナリティーなのか掴めなくて困惑しています」という話、心理診断書が欲しいので引き受けて頂けないか、というものであった。

まずは、「判決文」を紹介し、その内容から裁判官が、心理診断書をどう活用なさったか知っていただきたい。

資料I

平成九年八月八日宣告　裁判所書記官
平成九年わ第六四号　銃砲刀剣類所持等取締法違反被告事件

判　決

本籍　大阪市
住所　大阪府
職業　フリーアルバイター
被告人
昭和四三年三月　生

主　文

被告人を罰金三〇万円に処する。
押収してある折りたたみ式ナイフ一本（平成九年押第三じ号の1）を没収する。

理　由

（罪となる事実）

被告人は、業務その他正当な理由による場合でないのに、平成八年五月三〇日午後二時四二分ころ、大阪市中央区西心斎橋一丁目六番二一号ビッグステップ一階通路において、刃体の長さ約八・一センチメートルの折りたたみ式ナイフ一本（平成九年押第三七号の一）を携帯したものである。

（証拠の標目）

（　）内の数字は検察官請求証拠等関係カード記載の番号である。
一　被告人の公判供述、検察官調書（7）及び警察官調書（6）
一　捜査報告書（4）及び写真撮影報告書（5）
一　現行犯逮捕手続書（1）
一　押収してある折りたたみ式ナイフ一本（平成九年押第三七号1）
（法令の適用）
判示所為につき　銃砲刀剣類所持等取締法三二条四号、二二条
刑種選択　罰金刑選択
換刑処分につき　刑法一八条
没収につき　刑法一九条一項一号、二項本文
訴訟費用につき　刑事訴訟法一八一条一項ただし書

（量刑理由）

本件は、判示ナイフ一本の不法携帯の事案である。被告人は、平成四年一〇月奈良地方裁判所で同種事犯を含む暴力行為等処罰に関する法律違反（示凶器脅迫罪等）により懲役十ヶ月に処せられ、前の執行猶予をも取り消され、同年一〇月二一日から平成六年二月初めころまで服役したことがあるのに、その後、平成八年三月刃物を携帯していて罰金三〇万円に処せられながら、さらに本件犯行に及んだもので、違法精神の欠如が窺われ、犯情まことに芳しくない。被告人は、本件ではファッションの一部として前示ナイフを携帯していたものであるなどと主張し、母親の被告に対する更生の願いを意に介せず、反省の色が見られない。こうした被告人の言動は不気味な面を有しており、昨今の不穏な社会情勢に鑑みれば、たかが刃物一本の携帯とはいえ、被告人の本件罪責は到底軽視できるものではない。

しかしながら、本件が前記前科と累犯の関係に立つので懲役刑を選択すると実刑は免れないところ、本件で懲役刑を選択するには躊躇を禁じ得ないものがある。

（1）本件発覚の端緒は、若者らがヤンキー風の奇抜な服装をして賑わう通称アメリカ村で少年補導活動に従事中の警察官がたまたま腰に黒色革製ケース入り短剣をぶら下げて歩いていた被告人を認め、刃物を隠し持って携帯していたとして現行犯逮捕したことである。すなわち、服役前科の事案が脅迫などの事件を犯した際の携帯であって、危険性が現実化していたのとは異なるということである。
(2) 従って、本件は、それ自体では事案が軽微である。問題は、被告人に同種前科があり、しかも被告人が反省の言葉を述べないことである。
(3) 六甲カウンセリング研究所長・神戸海星女子学院大学教授で臨床心理家でもある井上敏明氏の診断結果によれば、被告人は亜・演技性人格障害という一種の病気持ちである。しかし責任能力の判断を左右するほどではない。被告人は、ファッションとして本件刃物を携行するだけで、これで相手に傷を負わすといった行為にはエスカレートすることは考えられない。けだし、いわゆる妄想の人格障害とは異なり、あくまでも演技的・顕示的な衝動に基づくものである、と診断している。
(4) 本件から一年余り在宅のまま審理が続いているが、再犯に至っていない。
(5) 確かに、被告人は反省するとは言わないし、また刃物を持つかもしれないなどという点でいわゆる反省の色は窺われない。前記病気のせいであろう。しかし、本件心理を通じ、弁護人の紹介で受けた前記井上敏明教授のカウンセリングを通じ、セルフコントロールの課題に被告人の関心が向けられれば改善の兆しが見られるという。
(6) 右病気の改善の成果に対する疑問、再犯のおそれを否定することはできないが、なにぶん本件は、発覚の端緒に鑑みると、事案が軽微である。

（7）本件で懲役刑を選択すると実刑を免れないところ、服役によって、かえって被告人はほんものの病気になってしまうおそれがある。
以上を総合して、前回の罰金刑は略式裁判によるものであったが、今回は公判　審理を重ね、前記被告人の病状が判明したことを考慮して、もう一度だけ罰金刑を選択することとした次第である。

（検察官〇〇〇〇、国選弁護人〇〇〇〇出席）

（求刑　懲役六ヶ月、没収）

平成九年八月八日

大阪地方裁判所堺支部

裁判官　〇〇〇〇

右は謄本である

同日同町裁判所書記官　〇〇〇〇

被告人の犯行の背景にあるのは、ストーカー的行為である。これまでに女子高生の学校まで追いかけて行ったこともあるのだという。

ストーカーといえば、岩下久美子氏によると米国ではストーキングの被害者数は男女で年間約一七〇万人にもなるという。また別のレポートでは、被害者の中での女性の死者が年間約二〇〇〇名とか。数字だけから推測する限り深刻である。

日本でもロバート・デ・ニーロ主演の「ザ・ファン」が劇場放映されたその年（一九九六年十月）、九月は大阪、十月は徳島と福島、十一月京都と連続的発生は周知のことである。

ストーカーは病者なのだろうか。一般的には妄想を伴う分裂病的傾向の人間の行為ともいわれている。しかし、表向きはそれなりの生活を営んでいるのだから、病者とも断定できない方が多いだけに、「人格障害」を疑う方が分かりやすい。ある種の「境界性人格障害」と言えそうである。

岩下久美子氏は、ストーカーと「見捨てられた記憶の書き換え」とを結びつけ心の力動性に触れているが、私が接触し心理所見を行った彼も同じような心のメカニズムが内在化していたと言える。すなわち、母子分離不安の延長による心の痼り（しこ）の固着化である。

アダルトチルドレンと「ストーカー」の関係について、斉藤学氏の諸説から伺うことができるのであるが、確かに知能は高いという人間に多いのも事実である。被告人となった彼もその一人である。

聖書の中の成句を諳（そら）んじるというのはごく当たり前、記憶も抜群、法廷ではA少年ではないが、意識清明な応答をしていたという。

私は私なりの面接の結果、次のような心理診断書を法廷に提出した。（検察官も同意する。）

資料Ⅱ

心理診断報告書

【氏名】　Ｔ・Ｉ

【違反】　銃砲刀剣類所持取締法

右の者に関します心理的所見を得ましたので報告いたします。

【診断名】

亜・演技性人格障害

【診断の背景】

『ＤＳＭ - Ⅳ』の診断基準によれば、演技性人格障害の骨子は「過度な情動と人の注意を引こうとするパターンで」（１）〜（７）までの項のうち少なくとも四項目が満たされている時、この診断が可能とあります。

七項目のうち、Ｔ・Ｉ君の言動においては、

（１）絶えず保障・賛成・賞賛を求める。

（３）身体的魅力を過度に気にする。

（５）注意の中心にいない状況では楽しくない。

（７）自己中心的で、行為は直接的な満足を得ることに向けられる。満足することが遅れると欲求不満で、それの対性がない。

本人の人格のイメージの中に、「あきしんいち悪鬼慎一」「ばらやすお薔薇靖雄」「のぶげんぞう朧
藪厳蔵」の三者が多重的にインプットされており、違反の中心人物（？）は悪鬼慎一にあります。
悪鬼慎一を演じることで、劣等コンプレックスを乗り越え、自己顕示性を極端な演技的表現で主張
しようとする歪んだアイデンティティの実現が、違反の主な理由と推察されます。
常に本人の周りにはファンがいて、同時に資金援助をしてくれるのだが、この「金」は誰かによっ
て郵便局内に保管され、その額は「三百兆」にも達する、との発言もごく自然に口から出るという
もの、何らかの障害を疑い得る一つの理由です。
逸脱行動の範囲
当人なりには、真面目に生きているという自負心が逸脱行動の抑制と結びつき、いわゆる妄想の人
格障害とは異なり、あくまでも演技的・顕示的な衝動に基づくものでありますので、相手に傷を負
わすと言った行為にはエスカレートしないのでは、と推測いたします。
今後の見通し
本人の言によりますと、幼少時において「人生ってこんなに不幸なことなのか、と落ち込み自分を
責めることが多かった」、とのことです。
家庭内の愛情不足の機が意識と、両親の在り様の食い違いによる不安感情の体験が、ＰＴＳＤ的な
心の傷となり固着したままである、といった人間への不信感が逆に、刑務所内における裸で付き合

う受刑者への極端なサービスによって（時に違反を覚悟で）絆を獲得。初めて人の好意の素晴らしさを知ったと生々と語る当人の心情は、人の性（さが）の宿命を見る思いがします。

今しばらくは、「素直に反省」するといった姿勢を拒否しつつも「時」が本人をして、目覚めを触発するのでは、と思っております。

幸い知的レベルも高く素養も見受けられます。

今後カウンセリングなどを通し、セルフコントロールの課題に本人の関心が向けられれば、一層の成長も「可」と判断いたします。

以上、所見を報告いたします。

一九九七年六月一三日
神戸海星女子学院大学教授
臨床心理家　　井上敏明　記

心理鑑定も精神鑑定と同じで、誰もが分かる内容でなければならない。

法廷で問われているのは、T・I君の人格の歪みと犯行の関連である。更には、時として不可解とも言える言動の背後に、どんな心的現象が隠されているのかの解明である。

問題行動の身と心の仕組みの歪みと、そのことがもたらす結果との関連性につながるかどうかを、明らかにするのが診断者の課題となる。要は、逸脱行動に対する病理的・病質性の発見にあると言えよう（必ずしも存在するとは言えないが）。

最終的には、裁判官にとっての判決基準の重要なカギになる。そのような診断書が提示できるかどうか、いうなれば心理臨床家の実力にかかっていると言える。

このストーカー君、求刑が六ヶ月の懲役で、その上累犯にもかかわらず三十万円の罰金となった。裁判官が何故そう宣告したのか、判決文を読む限り明々白々である。

私は、渡部保夫氏の説くように、心理鑑定書だって誰にでもよく分かり、納得のいくものでなくてはならないと常々考えている。文章の格調は高いが、その文面から真の意味が汲み取られないようなものでは、例え当人は専門家であっても、まわりは困惑するだけである。

先に取り挙げた小6児童殺害のA少年の鑑定書の中に次の一文がある。

「…直感像素質者であって、この顕著な特性は本件非行成立に寄した一因子を構成している。また低い自己価値感情と乏しい共感能力の合理化、知性化としての『他我否定』すなわち虚無的独我論も本件非行の進行を容易にする因子を構成している。また本件非行は、長期にわたって多種多様にしてかつ漸増的に重篤化する非行歴の連続線上にあって、その極限的到達点を構成するものである。」

「直感像素質者」というのは検事調書の内容に目を通すと了解できる。細部にわたる情景の描写と内容はすこぶる鮮明である。だからなぜ、殺害・切断行為と関係があるのか。

意識清明で年齢相応の知的判断能力があると断定する鑑定人の見解が中核をなしているというのに、「虚無的独我論」がなぜ、児童を殺害するように至る理由となるのか。事実は、「独我論」でなく「妄想」ではないのか。

「非行連続の極限的到達点を構成する」とは、どういう意味なのか。いや、問われるよりも「点」の連続が構成化されるという表現そのものが、どういうことなのか、皆目分からなくなる。

変に名文であればあるほど本質が見えなくなる好例文だが、結局は病的・疾病的意識がエスカレートしていたということではなかったのか、等々鑑定書の内容に疑念を抱かざるを得ないのである。

結　語

殺害心理の本当のところは「殺害者」にしか了解し得ないのかもしれない。

少年Aの犯行では、当時いろいろな立場で識者がコメントしていたが、とりわけ私には精神科医の小田晋博士説「冷情性」の人格障害の考え方と、フランスはパリでオランダ人女性ルネハルト・ベルトさん（当時二十六歳）を猟銃で殺害し、彼女の肉を食したという佐川一政氏の著書を通しての見解の二つが印象に残っている。

小田晋博士の見解が受け入れやすいのは、典型的サディスト者による殺害事件（五件）を鑑定したというキャリアによるものかもしれない。そして佐川一政氏の場合、女性を「殺害」した当人の発言であるからだろう、なるほどそういうものかと不思議に納得してしまうのである。まさに「殺害者語る」である。

彼の著書『少年A』から核心を衝く文面を取り出してみたい。

「内に秘めた、自分ではどうにもできない妄想のようなものと皆何らかの形で戦い、それを解消しようとしてあがく。その方法は人によってみな違う。路地裏でミミズをイビって解消できる子もいれば、ダンゴ虫を焼き殺すことで解消できる子もいる。猫を殺すことで解消できる子もいる。猫を殺してそこで終わる子もいるだろう。それがエスカレートしていくと人間に行き当たる。」

少年Aはかなりの「黒猫」を殺していたことは学友たちの話で明らかになっている。（その猫の舌を何枚もびんに塩漬けにしたのを見せて驚かせていたともいう。）ところが「神様の使いだから」と「白猫」は敬遠していたらしい。かなりの量の「黒猫」が少年Aの手で殺されていたことは事実のようだ。だからといって少年Aのように誰もが「人間に行き当たり殺す」わけではないのではないか。

「僕の経験で言わせて貰えれば、内なるドロドロしたものを解消するための手段として殺人を犯す場合、『殺意』の瞬間に、相手が人間だからいけないという抑制力は働かない。相手が犬でも人間でも同じだと思う。

つまり、そういう判断力が全くなくなるから殺れるのだ。とくに少年犯罪の場合は、殺意と実行の間にある――中略――という印象が僕にある。」

では「相手が人間だからいけない」という抑制力や判断力がその時働かないのはなぜか。少年Aは「犯行なり殺人に全くリアリティー」を感じていなかった、とこの著者は説いている。

しかも「何らかの妄想をずっと抱いており、そこに何か別の要素が加わってリアリティーなき犯罪を生んだのだろう」、とも推察している。この発言こそ、私には「リアリティー」と思えてくるのである。

犬好きは犬が知っているというが、「殺った者でなければ殺った心理は掴めない」のかもしれない。

だとすると、精神鑑定とは一体何なのか。まさしく「象をなでるが如く」ということになるのだろうか。

「少年Aの場合、相手は小学生という弱いもので、通り魔殺人にしても、いきなり小さな子をポカンとやるわけだから、まったく殺人のリアリズムを感じていなかったのではないだろうか」の佐川一政氏の一文は、少年Aの犯行の深層心理の全てを語っていると言える。

すなわち、こちらの意識の世界というより、あちらの世界に身を置いていたわけで、彼の言葉を借りるなら「妄想」の世界ということになろう。

J君が犠牲となり目撃者証言も犯人像がいまだ判然としていない頃、私は日経新聞の夕刊（一九九七年五月三十日）で「学校の恨みがこうした形で出てくるとは考えにくい。仮想現実の世界で楽しむだけでは済まなくなり、現実の世界で試していると見た方がいい」と指摘し、さらに「自己中心的でこだわりの強い人間」ともコメントしたのであった。少年Aの犯行、サディストの快楽殺人の一つとして見た小田晋博士の説とつながるのである。

それにいま一つ、六月一日の読売新聞で私は「犯人は不特定多数を狙ったように見えて、実は自分に都合の良い人間を探していたのではないか。警戒心がなく相手との間に距離を置かない子どもを、自分の支配下に置くために探していたのだろう」とコメントしたのであるが、いまにして思えば限りなく近接的な推理であったと言える。

このように発言しつつ、一方ではオフレコを前提に「人格障害」それも「分裂病質」と「分裂病型」のミックスであり、妄想によるものともジャーナリストたちにコメントしていた。少年Aの語る検事供述調書の詳細な内容がそれを物語っていると言えよう。

殺人が全部が全部、妄想による犯行でないことは周知のことである。そうではあるが、犯罪のその裏には、法廷の被告席に立たず、不起訴処分を受けた容疑者が、逮捕された人間の中でもかなりの数を占めているのである（簡易鑑定）。

しかしながら「大事件」となると、そうともいかなくなる日本の社会文化のその一端が、少年A事件の審判や鑑定から伺い知るのでは、というのは過言というものだろうか。「知的判断能力が年齢相応」にあるために、「性格の偏り」だけの、心理的判断で処分決定というのは、「受け入れ難い」ものであることを指摘しておきたい。

後書き

殺人に関し、故・精神科医小田晋氏は『人はなぜ、人を殺すのか?』(はまの出版・一九九六年)で次のように述べている。

―今日、境界例が増えていることは多くの精神科医が認めるところである。そして、境界例的な心理が一般の青少年にも拡散し部分的に認められていることも指摘されている。特に非常にベタベタするかと思えば、ひどく管理的であったりするような母親の場合は、母親が大変ひどい暴力の標的になる。その家庭暴力の行き着くところが母親殺しになってしまうケースもこれからは出て来そうである―

本著に登場する「母親殺し」のケースは、その典型と言える。ところで、新聞等、報道機関による「殺人」事件の件数を二〇二一年一月から四月の間、どれだけの件数と被害者数になるか検索してみた。件数六三件、被害者六五人(男三四、女三一、(内、男児五、女児六))である。(注:二〇二一年五月一三日「朝日新聞検索システム聞蔵Ⅱ」にてキーワード「殺人」で検索)

どうして「殺す」までの爆発になるのか、恨み、裏切り、見捨てられ、加害者の動機は分からぬではないが、生命まで―となると、その行為は「異常」である。

その多くが殺しの常連ではない。一瞬の心的感情の興奮が殺害行為に走るのである。

そう考えると、どんな人間でも、その様な場に身を置くと、殺意の動機が触発されるのか、「殺す」

という根源的な動機が心身の奥に潜んでいるのだろうか――。

思い返せば先の太平洋戦争（一九四一―一九四五）では、日本軍は四年半近い期間で三〇〇万人近い戦死者を出している。戦争とは、「殺し合い」である。ヨーロッパ全土だと（第二次世界大戦）五〇〇〇万人近くも、戦争に巻き込まれた多くの人が殺されている。一人や二人の話しではない。

ところが大阪教育大付属池田小学校児童八人を殺した「宅間守」の犯罪は、一方的な殺害、戦争のような理屈は成立しない。誰がどう考えても、将来のエリート候補というだけの理由で、己の人生即ち落ちこぼれの代償が「殺害」に繋がる筈はない。衝動的な欲求不満の爆発に依存した殺害行為である。精神・心理の意識の異常としか考えられない。

では、暴力団、組関係下の殺し合いは、正当化されるのか――。個人的な「恨み」というより、「見栄」を張った顕示的殺人行為である。「殺った」事が勲章になるのだから。ある種の「戦争」であり、組織内では名誉なのである。自己顕示欲の象徴といえる。

被告人Rの行為もその一つと言える。「角田美代子組」の組員としてナンバーワンの殺しの数が己の支えになっていたのである。「殺し」が親分との絆の確かな証しだったのである。邪険にされたかつての愛人を殺すのとひと味違う。

R被告人との「心理鑑定」の接見、三回目だった。防弾的とも言える透明なグラスファイバーで仕切られた接見室に私が入るなり、後ろ向きにパッとシャツを巻き上げ、見事な龍の柄の刺青を見せた姿は忘れられない。

何を見せようとしたのか？刺青は残酷な「苦行」を伴う、という。龍の柄に拘りがあるのではなく、刺青に耐えた「R」だったように思えたのである。更に言えば殺しの数も彼には「勲章」だったのでは？親しみのある、温厚な人柄を私に見せながら、一方残虐な裏面も—。ある種の二極に別れた自我で身を纏った二重人格像がそこに見られたのである。一線を越えた「あちらの世界」に身を置いていたのであろう。

例え、殺したくなる程の腹立たしさを抱いても、大半の人間は、一線を越えることまではしない。「殺す」とはその一線を越える事である。しかし、妄想型の「人格統合失調」の病人だと、その殺人行為が罪になるという意識は皆無である。被害者側にとれば、これほど理不尽な事はない。しかし、当人には理由が有るのである。殺して当然。殺された人間はまことに気の毒としか言い様がない。皮肉や嫌味を言い、怒鳴り、顔面を引きつらせるのは、その代償である。

この様に考えて行くと、人間誰しも相手に理不尽な理由で責められ、辱められ、追い詰められたと思った時、程度の度合いはともかく、「殺したくなる」という殺意的意識を抱くのが、人間の深層心理に定着しているということでは無いだろうか。

映画を観て、小説を読んで、新聞記事に目が止まった時など、「うーん、そうか」と、殺す動機に思いが行く、というのが現実である。となると、「殺す」という行為は深層心理のレベルでは、実在すると言って過言ではない。もしも、もしもだが、刑法や刑事訴訟法が無いなら、「殺る、殺られる」という現象は日常化するのだろうか。

アメリカやブラジルに殺人の数が多いのは皆の知るところである。登録するとか、許可されるといった手順を含む限り、誰もが銃を手にする事の容易な国である。手許に銃が――。銃だと手間が掛からない。相手の首を締める労は必要ないのである。社会的に見て正当な理由が有っても、無くても「人を殺してはならない」のが、文明文化国の人間の必須条件である。

刑罰が法文化されている、ということは、やはり公的手段で縛っておかないと危ないという、人間の知恵の産物である。ひょっとして殺人も本能の一つ（性欲、食欲、生存欲などに準ずる）なのかもしれない。

フロイト風に言うなら、無意識的心的世界の一つの欲動なのだが、組織という社会において生存する限り、「殺す」と「己の存在」も危ないという現実に目覚めていく、社会教育的プロセスの中で、その無意識を意識化し、殺してはいけないという超自我へとエスカレートしていく、社会の仕組みに適応してこそ、人の成長が有り得るのである。

では、「死刑」という刑罰は？　これも「殺人」と言える。社会は「殺す」ことを否定しながら、肯定しているというこの矛盾は如何なるものか――。死刑廃止論は「殺してはならない」という人間の知恵の発露と言えなくはない。

人間の歴史が始まって以来、古今東西「殺人」は継続のまま、止まることが無い、人類が存続する限り続くという運命を我々は背負っている、と言える。私たちは「殺る・殺られる」世界に身を置いている。「人身に傷をつけて殺る」ことはしていなくても、その代理戦争は「日常茶飯」現象といえる。勝負の世界が人間を熱狂に追いやるのもその一つである。政治的抗争やスポーツが私たちの「殺る」心理を超自我化させる役割を果たしているのである。

日々の新聞などの報道で後を絶たない殺人事件。本当に人間は「殺す」「殺される」世界に生きているのである。

副タイトルに「法廷ドラマ」と記したのには理由がある。

予め、脚本が出来上がっている訳ではないのだが、刑事系審理の法廷は、裁判官（判事）、裁判員、検察官（検事）、被告人（容疑者）、傍聴人（観劇者）の四者で構成されている。

言ってみれば、脚本無しの即興ドラマである。どう完結するのか？　傍聴人にとっては推量のレベルでしか分からない。審理を経て、最後は、判決で終わるのである。

その判決も時に一審で無罪が二審で有罪、その逆も然り、最高裁でも、下から上がった二審の有罪が無罪となる判例も ― 如何にも dramatic である。

審理事案の素材は一審も二審も同じ、であるのに判決の結果が有罪と無罪では如何にもドラマと言える。

法廷審理こそ「ドラマ」と見て過言ではない。
「心理鑑定」歴からそう思う次第である。

著者略歴

単著

『受験生の心理』　北文社　一九七六
『受験秀才では危ない』　北文社　一九七七
『思春期病』　朱鷺書房　一九七八
『無気力症』　朱鷺書房　一九七九
『心のカルテ』　朱鷺書房　一九八〇
『臨床的教師論』　明治図書　一九八〇
『学歴の深層心理　日本人のコンプレックスを探る』　世界思想社　一九八〇
『対人関係の深層』　世界思想社　一九八一
『患者の深層心理』　世界思想社　一九八二
『現代人の心の深層』　世界思想社　一九八三
『登校拒否の深層』　世界思想社　一九八五
『親と子の原理』　朱鷺書房　一九八六
『学校ストレスの深層』　世界思想社　一九八六
『子どもの勉強・進学で迷ったとき読む本』　ＰＨＰ　一九九三
『知能のタイプ』　朱鷺書房　一九九四
『教育臨床とカウンセリング　事例的考察からの提言』　富士書店　一九九五

『「いじめ」カウンセリング　臨床のプロが明かす対応技術』　明治図書　一九九六
『身心相関とカウンセリング　不安と殺意の構造』　富士書店　一九九八
『ひきこもる心のカルテ』　朱鷺書房　二〇〇二
『心の解読とカウンセリング』　富士書店　二〇〇三
『アスペルガーの子どもたち』　第三文明社　二〇〇四
『頭のいい子の落とし穴』　第三文明社　二〇〇五
『適応障害とカウンセリング』　朱鷺書房　二〇〇五
『朝が来ない子どもたち』　第三文明社　二〇〇六
『漫画でもわかるアスペルガー読本』　メディカルレビュー社　二〇〇八
『なぜ、あの子は無気力症になったのか』　明治図書　二〇〇九

共著

『続・教育相談の道しるべ』　教育出版センター　一九七六
『知性の探求』　法律文化社　一九七八
『落ちこぼれっ子が大人になったとき』　世界思想社　一九八三
『中高年が危ない』　富士書店　一九八六
『心のつかれ』　あゆみ出版　一九九一
『教育臨床』　あゆみ出版　一九九一
『いじめに、学校はどう取り組むか』　明治図書　一九九六

『生きる』 六甲出版 一九九六
『突然の死とグリーフケア』 春秋社 一九九七
『ひきこもりからの旅立ち ももこ14歳魂の詩』 朱鷺書房 二〇〇一
『いじめ騒動記』 メディカルレビュー社 二〇〇八
『子どもにやさしい学校』 ミネルバ書房 二〇〇九
『子ども学概論』 近大姫路大学 二〇〇九
『甦る教師のために』 川島書店 二〇一一

共訳

『文化の意味』 法律文化社 一九八〇

監訳

『天才の秘密 アスペルガー症候群と芸術的独創性』 世界思想社 二〇〇九

教育 video 製作（監修と解説）

『切れる』（文部科学省選定 一九九九．一〇） PHP 一九九九
『いじめ』 PHP 二〇〇〇

井上敏明の「心理鑑定」作成歴

・交通被害者心理事案（最高裁判所）
・実子殺害事案（大阪地裁・東京高裁）
・養母殺害事案（大阪地裁）

・実母殺害事案（大阪地裁）
・精神的疾患に伴う中年男性の暴行傷害事案（大阪地裁）
・青年の銃刀法違反事案（大阪地裁）
・強姦未遂事案（神戸地裁）
・性的嗜好異常事案（大阪地裁・大阪高裁・三重地裁・岡山地裁・広島高裁）
・少年審判事案（大阪家裁）
・民事系離婚事案（大阪高裁・神戸地裁）
・尼崎連続変死事案（神戸地裁）

教授・委員歴

神戸海星女子学院大学：教授
芦屋大学大学院：特任教授
芦屋大学・アスペルガー研究所：所長
芦屋市：教育委員
兵庫県青少年問題審議会：委員
ＮＨＫ番組審議会（近畿）：委員
文部科学省：いじめ問題アドバイザー
兵庫県：高校生等の自殺予防対策に関する委員会・委員

等々

賞・表彰歴

神戸税関長賞　一九八八

文部科学大臣表彰　二〇一三

感謝状歴

ラジオ関西　一九九一

神戸税関長　一九九五

石川県教育委員会　二〇〇一

兵庫県立神出学園　二〇〇四

（株）朝日カルチャーセンター（二〇〇〇回出講）　二〇〇六

スクールカウンセラー歴

兵庫県立芦屋高等学校

兵庫県立西宮北高等学校　二〇〇七

兵庫県立神戸高等学校　二〇一二

兵庫県立神戸工業高等学校　二〇一八

六甲カウンセリング研究所業務委託

1．電機連合・パナソニックグループ労働組合連合会（一九九三年～）

25年にわたり、パナソニックグループ組合員のカウンセリング委託を継続

2．芦屋市教育委員会（一九八六年〜）
芦屋市カウンセリングセンターにおける教育・心理相談委託契約、32年経過
3．兵庫県警察本部　警務部（一九九三年〜）
25年にわたり、警察職、事務職スタッフのカウンセリング委託を継続
4．尼崎市教育総合センター（一九九七年〜）
教育相談及び、市立高校3校のキャンパスカウンセラー等委託、教育相談21年間、キャンパスカウンセラー派遣10年、現在に到る。
5．大阪音楽大学（一九九六年〜）
「心の相談室」「学生相談室」担当カウンセラーの派遣（7人）の委託12年経過
他、研究所心理相談は全国区エリア。「心的トラブル」で悩む人々の助力業務は51年に及ぶ（一九六七年〜）

日常生活の心的病理 ― 心理鑑定と法廷ドラマ ―

2021年11月30日　第1版第1刷

著　者　井上敏明

発行者　嶝　牧夫

発行所　株式会社朱鷺書房

奈良県大和高田市片塩町 8-10 (〒653-0085)

電話 0745(49)0510　Fax 0745(49)0511

振替 00980-1-3699

印刷所　モリモト印刷株式会社

ISBN978-4-88602-659-0　C0036　

ホームページ　http://www.tokishobo.co.jp